essentials

Essentials liefern aktuelles Wissen in konzentrierter Form. Die Essenz dessen, worauf es als „State-of-the-Art" in der gegenwärtigen Fachdiskussion oder in der Praxis ankommt. Essentials informieren schnell, unkompliziert und verständlich.

- als Einführung in ein aktuelles Thema aus Ihrem Fachgebiet
- als Einstieg in ein für Sie noch unbekanntes Themenfeld
- als Einblick, um zum Thema mitreden zu können.

Die Bücher in elektronischer und gedruckter Form bringen das Expertenwissen von Springer-Fachautoren kompakt zur Darstellung. Sie sind besonders für die Nutzung als eBook auf Tablet-PCs, eBook-Readern und Smartphones geeignet.

Essentials: Wissensbausteine aus den Wirtschafts, Sozial- und Geisteswissenschaften, aus Technik und Naturwissenschaften sowie aus Medizin, Psychologie und Gesundheitsberufen. Von renommierten Autoren aller Springer-Verlagsmarken.

Julia Müller · Anne-Katrin Neyer

Business Governance

Mitarbeiter- und Unternehmensführung in der Wissensgesellschaft

Julia Müller
Lehrstuhl für Unternehmensführung
Martin-Luther Universität
Halle-Wittenberg
Halle (Saale)
Deutschland

Anne-Katrin Neyer
Lehrstuhl für Personalwirtschaft und
Business Governance
Martin-Luther Universität
Halle-Wittenberg
Halle (Saale)
Deutschland

ISSN 2197-6708
essentials
ISBN 978-3-658-11100-7
DOI 10.1007/978-3-658-11101-4

ISSN 2197-6716 (electronic)

ISBN 978-3-658-11101-4 (eBook)

Die Deutsche Nationalbibliothek verzeichnet diese Publikation in der Deutschen Nationalbibliografie; detaillierte bibliografische Daten sind im Internet über http://dnb.d-nb.de abrufbar.

Springer Gabler

Gedruckt auf säurefreiem und chlorfrei gebleichtem Papier

Springer Fachmedien Wiesbaden ist Teil der Fachverlagsgruppe Springer Science+Business Media
(www.springer.com)

Was Sie in diesem Essential finden können

- einen Einblick in die Business Governance als neuer Ansatz der Unternehmens- und Mitarbeiterführung
- einen integrativen und prägnanten Überblick über ausgewählte Instrumente der Unternehmens- und Mitarbeiterführung, die bislang primär isoliert betrachtet worden sind
- einen Leitfaden zur Gestaltung von Business Governance im Unternehmen

Vorwort

Die Wissensgesellschaft stellt die Unternehmens- und Mitarbeiterführung vor immer neue Herausforderungen. In der Literatur finden sich eine Vielzahl und zum Teil sehr spezifische Ansatzpunkte, wie Unternehmen damit umgehen können und sollen. Führung im engen Sinn wird nicht mehr ausreichen, sondern es bedarf neuer Ansätze der Mitarbeiter- und Unternehmensführung.

Wir haben dieses Essential geschrieben, um das Konzept der Business Governance einzuführen. Anhand der Business Governance Formel zeigen wir, dass Instrumente der Mitarbeiter- und Unternehmensführung so zu wählen sind, dass sie im Einklang mit Unternehmenszielen und -situationen sind. Dabei geht es nicht nur um die Einbeziehung der Stakeholder-Gruppen im Unternehmen, sondern auch über die Unternehmensgrenzen hinaus. Durch das ganzheitliche Konzept der Business Governance können Führungskräfte – wenn sie Business Governance im Unternehmen (vor)leben – Unternehmen zielgerichtet in die richtige Richtung führen.

Das Ziel dieses Essentials ist es, dem Leser und der Leserin in kompakter Weise basierend auf ausgewählten Forschungsbeiträgen der Mitarbeiter- und Unternehmensführung die Instrumente, die Ziele und die Situationen der Business Governance und deren Zusammenhänge näher zu bringen.

Ein neues und sehr komplexes Konzept in kurzer und prägnanter Form darzustellen, bedarf der Unterstützung und der Diskussion mit vielen Kolleginnen und Kollegen. Insbesondere möchten wir uns an dieser Stelle bei Melanie Winter für ihre inhaltliche sowie Sabrina Rockau und Annett Völkner für die gestalterische Unterstützung bei der Erstellung dieses Essentials bedanken.

Juni 2015

Julia Müller
Anne-Katrin Neyer

Inhaltsverzeichnis

Business Governance: Relevanz für Unternehmen & Definition

1

Durch die Wissensgesellschaft gibt es weitreichende Veränderungen in der Wirtschaft und Gesellschaft, die Unternehmen der nächsten Generation vor neue Herausforderungen stellen. Die Wissensgesellschaft ist gekennzeichnet von kürzeren Produktlebenszyklen und schnelleren Lernprozessen, höherer Innovationsgeschwindigkeit und Fortschritten in Informations- und Kommunikationstechnologien, Globalisierung und knappen Wissensressourcen (Edvinsson 2004). Es wird davon ausgegangen, dass jene Unternehmen erfolgreich sind, die über ein großes Wissenspotenzial verfügen und ihre wertvollste Ressource – Wissen – bestmöglich managen (vgl. Wissensorientierte Perspektive; Grant 1997; Spender 1996). Dies müssen Unternehmen als Chance betrachten, die gleichzeitig eine Vielzahl von Herausforderungen in sich birgt und deren Umgang erlernt werden muss; organisationale, rechtliche und gesellschaftliche Regeln und Rahmenbedingungen müssen an die neuen Gegebenheiten angepasst werden.

Führungskräfte leisten einen wesentlichen Beitrag zur Adaption des Unternehmens an die Anforderungen der Wissensgesellschaft (Müller et al. 2007; Politis 2001). Leadership wird eine unterstützende Funktion zugeschrieben, z. B. den Rahmen für (Wissens-)Prozesse zu gestalten (Nonaka und Konno 1998), Anreizsysteme für (Wissens-)Prozesse auszugestalten (Bartol und Srivastava 2002) oder als Vorbild für (Wissens-)Prozesse zu dienen (von Krogh et al. 2012). Um den ständig steigenden und sich verändernden Anforderungen der Wissensgesellschaft gewachsen zu sein, stellt sich allerdings zunehmend die Frage, ob diese enge, auf interne Abläufe gerichtete Führungsperspektive ausreicht. Die Bedeutung der Beziehung eines Unternehmens zu seinen externen Stakeholdern (z. B. Investoren, KundInnen, Lieferanten) nimmt immer stärker zu, wie folgendes Zitat verdeutlicht. Don Robert (CEO of Experian, einem der führenden globalen Anbieter von Informationsdienstleistungen) gibt in einem Interview auf die Frage, wie ein Unternehmen von seinen Stakeholdern wahrgenommen wird, folgende

© Springer Fachmedien Wiesbaden 2016
J. Müller, A.-K. Neyer, *Business Governance*, essentials,
DOI 10.1007/978-3-658-11101-4_1

Antwort: *„ (A) fragile, fleeting and dynamic thing that I think is, in part, a result of our financial performance, how we choose to communicate, what consumers think about us as a steward or a guardian of their information, what third parties say about us in the media – blogs, for example, written communications – and how our employees behave both on the field and off. It's a lot of different things "*. (Tihanyi et al. 2015, S. 6). Und er ergänzt: *„ the chief executive probably has one reputation with employees, another one with investors, another one with vendors, another one with clients, and yet another one with (their) own board "*(Tihanyi et al. 2015, S. 6). Es gilt also, neue Wege zu finden, um den verschiedenen und zum Teil widersprüchlichen Anforderungen interner und externer Stakeholdergruppen gerecht zu werden. Es ist an der Zeit, die Führung von Unternehmen unter dem Blickwinkel der Business Governance zu betrachten.

Der Begriff Business Governance kommt aus dem Englischen und hat sich in der deutschsprachigen Geschäftswelt noch nicht einheitlich durchgesetzt. Wenn man von der ursprünglichen Bedeutung von Governance (aus dem lateinischen *„gubernare –das Steuerruder führen"*) ausgeht, geht es bei Business Governance darum, das Unternehmen (Business) zielgerichtet in die richtige Richtung zu führen. Das inkludiert alle Maßnahmen, Instrumente und Rahmenbedingungen, die in die strategischen und operationalen Entscheidungen einfließen. Demnach geht Business Governance über die Bedeutung von Unternehmensführung und insbesondere von Leadership im engeren Sinn hinaus, in denen es darum geht, zu entscheiden, *welche* Richtung eingeschlagen wird.[1] Mit Hilfe von Business Governance wird nicht nur festgelegt, ob eine bestimmte Richtung eingeschlagen wird, sondern vielmehr *wie* das Unternehmen gesteuert wird, wie Entscheidungen getroffen werden und wie unter bestimmten Rahmenbedingungen reagiert werden soll. Dies bezieht nicht nur die aktive Führung und Steuerung mit ein, sondern auch die gemeinsamen Wertvorstellungen der MitarbeiterInnen, die als Handlungsrahmen dienen. Der Begriff Business Governance bezieht sich auf alle Stakeholder-Gruppen, da die Unternehmensgrenzen in einer dynamischen Umwelt mehr und mehr verschwimmen.

Dieses Buch gibt eine Einführung in die Thematik der Business Governance – eine neue Sichtweise auf die Unternehmens- und Mitarbeiterführung. Wir zeigen anhand der Business Governance Formel, dass für die Umsetzung, das „Leben" und die Führung im Sinne der Business Governance, drei Elemente zentral sind, die für ein erfolgreiches Unternehmen immer gemeinsam gedacht werden müssen:

---

[1] Siehe auch das International Journal of Business Governance and Ethics, in dem Business Governance nicht mehr nur Unternehmensführung ist, sondern das werteorientierte Managen von weiteren Verantwortlichkeiten gegenüber lokalen und globalen Communities.

die Situationen, die Ziele und die Instrumente der Business Governance. Business Governance wird im Unternehmen „gelebt", wenn in Abhängigkeit der bestimmten Unternehmenssituation verschiedene Instrumente der strategischen Unternehmens- und Mitarbeiterführung so kombiniert werden, dass die definierten Unternehmensziele erreicht werden können. Anders formuliert: Business Governance (BG) ist eine Funktion von Unternehmenssituation (S), Unternehmensziel (Z) und Instrumenten (I) der Unternehmens- und Mitarbeiterführung:

$$\mathbf{BG = f(S, Z, I)}$$

Die Business Governance: Situationen und Ziele

2

Aufgrund der zunehmenden (Notwendigkeit der) Öffnung von Unternehmensgrenzen und der damit verbundenen Frage „wie man Unternehmen zielgerichtet in die richtige Richtung führen kann", betrachten wir im Folgenden drei Unternehmenssituationen. In einem Kontext, in dem Führungs- und Entscheidungsprozesse zunehmend über die Unternehmensgrenzen hinweg stattfinden, spiegelt sich diese Öffnung nach außen in folgenden Organisationsstrukturen wider: Projekt-, Experten- oder offene Organisation.

2.1 Situationen

$$BG = f(S, Z, I)$$

Erste Situation: Projektorganisation
Die Team-Organisation wird in der wissenschaftlichen Literatur bereits seit den 1960er Jahren als Alternative zur Hierarchie diskutiert. Vorrangig von Seiten der MitarbeiterInnen und Gewerkschaften initiiert, bestand ihre Zielsetzung darin, durch die Erweiterung des Handlungs- und Entscheidungsspielraums der Monotonie der MitarbeiterInnen entgegenzuwirken und dadurch zur Humanisierung der Arbeit beizutragen. Nachdem die Team-Organisation zwischenzeitlich an Bedeutung verloren hatte, erlebt sie seit Beginn der 1990er Jahren eine Renaissance. Ausgelöst wurde diese vor allem durch die MIT-Studie (Womack et al. 1992), nach der die Produktivität japanischer Automobilhersteller in erster Linie auf die weite Verbreitung der Teamarbeit zurückgeführt werden kann.

© Springer Fachmedien Wiesbaden 2016
J. Müller, A.-K. Neyer, *Business Governance*, essentials,
DOI 10.1007/978-3-658-11101-4_2

Das Merkmal der Team-Organisation besteht darin, Arbeitsaufgaben nicht auf einzelne MitarbeiterInnen, sondern auf Gruppen zu übertragen. Insbesondere findet keine explizite Unterscheidung zwischen Führungs- und Ausführungsaufgaben statt, so dass Teams je nach konkreter Ausgestaltung, z. B. über die Art und den Zeitpunkt der Aufgabenerfüllung sowie die interne Aufgabenverteilung durch Selbstabstimmung, entscheiden können. Da die Rahmenbedingungen von Teams (Zielvorgaben, Ressourcen, Ergebniskontrollen, u. a.) zumeist durch übergeordnete Ebenen festgelegt werden, ist deren Unabhängigkeit jedoch begrenzt. Teams besitzen damit zwar eine Teilautonomie, sie entsprechen jedoch nur in seltenen Fällen dem Ideal der Selbstorganisation (Weber 1996).

Zweite Situation: Expertenorganisation
Um in der Wissensgesellschaft mit ihren Anforderungen an ausgefeilten Lösungen und Produkten bestehen zu können, setzen Unternehmen zunehmend ExpertInnen ein. Diese mehr oder weniger gleichberechtigten und unabhängig denkenden ExpertInnen arbeiten z. B. in Teams zusammen (Boynton und Fischer 2007). ExpertInnen haben ein hohes Maß an Spezialisierung und Training. Damit sie Höchstleistungen erzielen können, werden die ExpertInnen in Teams bewusst zusammengefügt und anhand ihrer Schlüsselqualifikationen ausgesucht.

Expertise allein reicht aber häufig nicht aus, damit das Unternehmen erfolgreich ist. Denn Teams können nur so gut sein, wie einzelne Spezialisten zusammenarbeiten und Handlungen sowie ihre kognitive Arbeit in Einklang bringen. Soziale Distanz bzw. Unterschiede in Status, Rang, Autorität, sozialem Status und Macht beeinflussen den Grad sozialer Intimität und sozialer Kontakte in Expertenorganisationen. Mitglieder von Expertenteams brauchen einen hohen Grad an Autonomie und flexible Strukturen, um frei arbeiten und kreativ sein zu können (Mumford et al. 2002). Expertenorganisationen bauen auf der hohen intrinsischen Motivation der MitarbeiterInnen auf, aber auch auf visionären, passionierten und einnehmenden Führungskräften (Hunt et al. 2004).

Dritte Situation: Offene Organisation/Netzwerkorganisation
Die gegenwärtig am intensivsten diskutierte Alternative zur Hierarchie stellt die Netzwerk-Organisation dar, wobei zumeist zwischen intraorganisatorischen Netzwerken einerseits und interorganisatorischen Netzwerken andererseits unterschieden wird. Innerhalb der intraorganisatorischen Perspektive wird unter einem Netzwerk in Anlehnung an die soziologische Begriffsauffassung ein Beziehungsgeflecht aus sozialen Einheiten (Netzwerkelemente) verstanden, das sich durch gemeinsame Interessen und die Herausbildung einer eigenen Identität auszeichnet. Die einzelnen Personen bzw. Organisationseinheiten stellen dabei die Knoten dar,

die Beziehungen zwischen diesen die Kanten des Netzwerks. Im Unterschied zur Hierarchie verfügen die Akteure eines Netzwerkes über keine formalisierten Stellenbeschreibungen, sondern definieren ihre Aufgaben je nach Anforderung ständig neu. Ihre Autorität basiert dabei weniger auf ihrer hierarchischen Position als vielmehr auf den zur Lösung der jeweiligen Aufgabe erforderlichen Qualifikationen (Weyer 2011; Sproull und Kiesler 1991).

Sowohl intra- als auch interorganisatorische Netzwerke unterscheiden sich von der Hierarchie dadurch, dass Entscheidungen nicht durch eine zentrale Instanz gefällt werden, sondern sich als Folge emergenter, dezentraler und selbstorganisierender Prozesse ergeben, die von der Unternehmungsleitung bzw. der Zentrale häufig erst ex-post rationalisiert und legitimiert werden. Dieser kommt damit weniger die Aufgabe direkter Leitung und Kontrolle als vielmehr die der Kontextsteuerung nicht-hierarchischer Entscheidungsprozesse zu. Das Autonomieniveau der einzelnen Organisationseinheiten steigt dabei proportional zur Dichte des Netzwerkes, d. h. zur Anzahl und Intensität der Kontakte, Transaktionen und Interaktionen zwischen den Netzwerkelementen an (Sydow 2010).

2.2 Ziele

$$BG = f(S, \mathbf{Z}, I)$$

Trotz ihrer unterschiedlichen organisationalen Ausgestaltung, verfolgen Unternehmen ähnliche Ziele. Wir unterscheiden zwischen Effizienz, Innovation oder beides im Sinne von Ambidextrie.

Erstes Ziel: Effizienz
Um Effizienz zu erreichen, wird der Fokus auf die Exploitation von bereits vorhandenem Wissen gelegt. Durch die Replikation von bestehendem Wissen kann die Effizienz der Prozesse gesteigert, und die Produktivität verbessert werden. Es geht um das Ausschöpfen etablierter Erfolgsmuster. Deshalb sind für dieses Ziel Ergebnisse der Wissensmanagement-Forschung essentiell.

Wissensmanagement bezieht sich auf die Schaffung von Rahmenbedingungen für den reibungslosen Ablauf von Wissensprozessen im Unternehmen (Bennet und Bennet 2003). Diese Wissensprozesse umfassen Identifikation, Erwerb, Entwicklung, Austausch, Nutzung und Bewahrung von strategisch relevantem Wissen (Probst et al. 2006). Um diese Prozesse bestmöglich in einem Unternehmen zu implementieren und zu managen, werden informations- und kommunikationstechnologische sowie sozio-kulturelle und psychologische Aspekte mit einbezogen (Scarbrough et al. 1999). Es hat sich nämlich gezeigt, dass der Gegenstand des Wissensmanagements, d. h. Wissen, nicht einfach zu erfassen ist. Für einige ist Wissen gleich Information, die objektiviert werden kann; für andere besteht Wissen aus mehr als Daten und Informationen (North 2005), das deshalb nicht getrennt von Personen, den sogenannten WissensträgerInnen, betrachtet werden kann (Probst et al. 2006). Wissen hat eine explizite und implizite Komponente. Diese Unterscheidung bezieht sich auf die Art und Weise, wie Wissen artikuliert wird (Baumard 1999; Polanyi 1985). Explizites Wissen, das leicht kodifiziert werden kann, kann auch leicht weitergegeben werden, z. B. mit Hilfe von Handbüchern und Dokumenten. Allerdings ist nur ein kleiner Teil unseres Wissens reines explizites Wissen. Wissen hat auch eine implizite Dimension (Polanyi 1985), die in Denkmuster, Praktiken, Fähigkeiten, Fachkompetenz und Routinen eingebettet ist (Nelson und Winter 1982). Die implizite Dimension von Wissen kann nicht kodifiziert werden, da sich Individuen gar nicht bewusst sind, dass sie dieses implizite Wissen besitzen (Polanyi 1985). Implizites Wissen wird durch persönliche Erfahrung gewonnen und beinhaltet Können, weshalb es nicht von Handlungen getrennt werden kann (Orlikowski 2002).

Bezüglich der Entwicklung des Feldes Wissensmanagement haben verschiedene theoretische Perspektiven, die hier exemplarisch dargestellt werden, ihren Beitrag geleistet, je nachdem wie Wissen gesehen wird bzw. welcher Teilaspekt hervorgehoben wurde.

- Die Informatik beschäftigt sich mit explizitem Wissen, das mit Hilfe von Informations- und Kommunikationstechnologien gemanagt werden kann (Anand et al. 1998). Traditionelle IT-Systeme beschränken sich v. a. auf die Funktion der Informationsspeicherung, damit MitarbeiterInnen ständig Zugang zu allen wichtigen Dokumenten und Daten haben (Alavi und Leidner 2001) und somit effizient arbeiten können.
- Wird die Handlungsorientierung von Wissen in den Vordergrund gestellt, werden die Wissensträger wichtig. Human Resources Management versucht so beispielsweise einen Beitrag zu leisten und Motivationen und Anreizsysteme zu beeinflussen, dass Wissensprozesse stattfinden können (Cabrera und Cabrera 2002; Lam und Lambermont-Ford 2010). Gleichzeitig beschäftigt sich auch die Psychologie mit Wissensmanagement, beispielsweise indem sie Persönlichkeitsfaktoren, Zielorientierungen oder Vertrauen als Voraussetzung für Wissensprozesse untersucht (Matzler und Müller 2011; Matzler et al. 2008). Durch das von den Mitarbeitern ausgetauschte Wissen können Effizienzvorteile erlangt werden.

- Die Literatur zu organisationalem Lernen (Argyris und Schön 1978; Huber 1991; Lave 1991; Weick 2006) zeigt, dass durch das Lernen in Unternehmen das Rad nicht ständig neu erfunden werden muss und damit effizienter gearbeitet werden kann.
- Managementorientierte Ansätze des Wissensmanagements zielen hauptsächlich auf unternehmensspezifische Voraussetzungen ab. Organisationale Strukturen, wie beispielsweise das Entstehen von Communities of Practice als informelle Organisationseinheit für Wissensprozesse (Wenger und Snyder 2000), sind Gegenstand dieser Ansätze. Auch Organisationskultur, im Sinne von Wissenskulturen oder wissensfreundlichen Unternehmenskulturen, werden als entscheidender Faktor für die Einführung und den Erfolg von Wissensmanagementinitiativen und damit effizientem Arbeiten gesehen (Müller 2009; Schein 1992).

Zweites Ziel: Innovation

Wenn Unternehmen innovativ sind, wird der Fokus auf zwei Prozesse gelenkt, einerseits die Generierung von neuen Ideen, andererseits auf die Implementierung und Vermarktung dieser Ideen in Produkten, Dienstleistungen, Prozessen oder Geschäftsmodellen. Dabei unterscheidet man zwischen verschiedenen Arten von Innovationen. Am weitesten verbreitet ist die Unterscheidung zwischen radikalen und inkrementellen Innovationen, die den Grad der Neuheit einer Neuerung ausdrücken (Fagerberg 2005). Für inkrementelle Neuerungen benötigt man Exploitation, für radikal neue Ideen Exploration (Benner und Tushman 2003). Darüber hinaus gibt es noch disruptive Innovationen, die einen völlig neuen Markt entstehen lassen und alte Technologien verdrängen (Christensen 1997).

In der Innovationsmanagement-Forschung liegt der Fokus auf Individuen, Unternehmen und Netzwerken, die gemeinsam die Innovationsleistung erbringen müssen und dementsprechend aus verschiedenen Blickwinkeln erforscht werden können:

- Individuen sind die kreativen Köpfe, die Ideen generieren müssen (Amabile 1983). Dementsprechend hat sich die Psychologie mit den Voraussetzungen für Kreativität auseinandergesetzt (Basadur und Finkbeiner 1985). Aber auch die Managementforschung versucht u.a. Leadership-Konzepte zu finden, die Innovationen im Unternehmen fördern (Hambley et al. 2007).
- In unternehmensbezogenen Studien geht es um die Rolle von Innovationsfähigkeit im gesamten Unternehmen, die beispielsweise durch Anpassungsfähigkeit an die Umwelt und die Fähigkeit Ressourcen effektiv einzusetzen erreicht wird (Gopalakrishnan und Damanpour 1997). Außerdem ist durch den vorwiegenden Projektcharakter von Innovationsinitiativen der Einfluss der

Projektmanagementforschung spürbar (Daneels und Kleinsmith 2001). Ähnlich wie im Wissensmanagement geht es darüber hinaus um innovative Unternehmenskulturen (Jamrog et al. 2006).

- Unternehmensnetzwerke bieten die Möglichkeit Innovationsanstrengungen gemeinsam zu erreichen. Wichtig ist, dass relationale Fähigkeiten ausgebildet werden und soziales Kapital entsteht (Tsai und Ghoshal 1998).
- Auch die Marketingforschung zeigt ihren Einfluss in der Innovationsliteratur. Neue Konzepte, wie beispielsweise Innovations-Communities und Open Innovation, zeigen, dass der Innovationsprozess stark von den NutzerInnen und KundInnen abhängt. Sie sind aber nicht nur diejenigen, die Innovationen akzeptieren müssen, sondern können auch im Ideengenerierungsprozess mitwirken (Chesbrough 2006; von Hippel 2005). Um an viel Marktwissen zu gelangen, braucht es aber auch entsprechende technologische Voraussetzungen. Demensprechend übt auch die Informations- und Kommunikationstechnologie ihren Einfluss auf das Erzielen von innovativen Leistungen aus (Hrastinski et al. 2010).

Drittes Ziel: Ambidextrie

Ambidextrie bedeutet wörtlich übersetzt Beidhändigkeit (O'Reilly und Tushman 2004; Tushman und O'Reilly 1996). In der Managementliteratur geht es bei dem Konzept darum, eine Balance zwischen Stabilität und der Nutzung des bestehenden Wissens (Exploitation mit dem Ziel der Effizienz) einerseits und dynamischer Anpassungsfähigkeit und der Generierung neuen Wissens (Exploration mit dem Ziel der Innovation) andererseits zu schaffen (March 1991). Diese zwei konträren Prozesse lassen sich nicht leicht vereinbaren, wie bereits bei den zwei zuvor genannten Zielen beschrieben wurde: Bei der Exploitation wird vorhandenes Wissen repliziert, bei der Exploration neues Wissen generiert. Dennoch brauchen Unternehmen oft beides. Denn das zu lange Festhalten an den etablierten Erfolgsmustern kann genauso verheerend sein, wie zu viele neue Ideen zu haben, die nicht lange genug bestehen, um Effizienzvorteile zu generieren. Es ist daher in einigen Branchen wichtig, eine Balance zwischen Exploitation (Effizienz) und Exploration (Innovation) zu finden. Außerdem ist die Fähigkeit beide Ziele (wenn auch nicht zeitgleich oder in allen Organisationseinheiten) zu vereinbaren, essentiell für die Wandlungsfähigkeit und damit für die Erzielung von langfristigen Wettbewerbsvorteilen. „Beidhändige" Organisationen schaffen es, beide Prozesse auf hohem Niveau zu betreiben.

Ambidextrie kann durch strukturelle und kontextuelle Ambidextrie erreicht werden: Strukturelle Ambidextrie bedeutet die strukturelle Abgrenzung der beiden Prozesse (Konlechner und Güttel 2009), z. B. werden die Aufgaben einer Forschungs- und Entwicklungsabteilung getrennt von der Produktionsabteilung in einer abgegrenzten Organisationseinheit durchgeführt. Das neue Wissen wird dann in der Produktion umgesetzt und dort – bei Erfolg – repliziert. Im Gegensatz dazu wird bei der kontextuellen Ambidextrie angenommen, dass durch den Kontext beide Prozesse innerhalb einer Abteilung oder sogar in einer einzelnen Person vereint werden können, z. B. eine Produktentwicklung, die eine Moderationsfunktion zwischen Forschung und Entwicklung und Produktion übernimmt (Renzl et al. 2011). Die MitarbeiterInnen dieser Abteilung müssen regelmäßig beide Arten von Aufgaben (Exploration und Exploitation) bewältigen (Konlechner et al. 2009). Daraus resultieren vielfältige Spannungen und Konflikte, die mit entsprechenden Rahmenbedingungen abgefedert werden müssen, z. B. Arbeiten in flexiblen Projektteams, Zielvereinbarungsprozesse, um den nötigen Freiraum zu gewähren etc. Kontextuelle Ambidextrie entsteht auf der Basis des organisationalen Kontexts, der kulturellen Werte und Normen. Es muss ein gemeinsamer Bezugsrahmen vorhanden sein, der auf einer breit verankerten Unternehmenskultur basiert.

Business Governance: Instrumente 3

Nachdem im vorangegangenen Kapitel die Situationen und Ziele der Business Governance Formel beschrieben wurden, beschäftigt sich dieses Kapitel mit den Instrumenten, die Entscheidungsträgern, Führungskräften, MitarbeiterInnen und bis zu einem gewissen Grad auch den Stakeholdern an der Peripherie des Unternehmens – wie etwa KundInnen oder Lieferanten – zur Verfügung stehen. Der Einsatz dieser Instrumente soll in Abhängigkeit der jeweiligen Unternehmenssituation zur Erreichung der strategischen Unternehmensziele beitragen und damit Business Governance im Unternehmen umsetzen. Wichtig ist, dass diese Instrumente nicht losgelöst von der Situation des Unternehmens und des zu erreichenden Ziels betrachtet werden können.

Aktuelle als auch die Forschung der letzten Jahrzehnte im Bereich der Unternehmens- und Mitarbeiterführung hat eine Vielzahl von Instrumenten identifiziert, von denen wir die folgenden als zentral für die Business Governance erachten (siehe Tab. 3.1)

Im Folgenden wird ein Überblick über jedes der Instrumente auf organisationaler, individueller und gruppenbezogener Ebene gegeben, bevor im nächsten Kapitel zusammenfassend aufgezeigt wird, warum im Sinne der Business Governance Formel ein reflektiertes, kontextbezogenes und nachhaltiges Kombinieren von entsprechenden Instrumenten notwendig ist.

$$BG = f(S, Z, \mathbf{I})$$

© Springer Fachmedien Wiesbaden 2016
J. Müller, A.-K. Neyer, *Business Governance*, essentials,
DOI 10.1007/978-3-658-11101-4_3

Tab. 3.1 Übersicht über die Instrumente der Business Governance

Instrumente auf organisationaler Ebene	
Wertvorstellungen und Artefakte	Risikograd, Vertrauen und Miterarbeiter- vs. Outputorientierung
	Vision und Leitbild, Code of Conduct
Infrastruktur der Zusammenarbeit	Informations- und Kommunikationstechnologien
	Typologie der digitalen Arbeit
Instrumente auf individueller und gruppenbezogener Ebene	
Führungsstile	Transformationale Führung
	Shared Leadership
	Ambidextrous Leadership
Sozialpsychologische Faktoren	Motivation
	Commitment
	Soziale Identität

3.1 Instrumente auf organisationaler Ebene

Die Instrumente auf organisationaler Ebene umfassen Wertvorstellungen und Artefakte sowie die Infrastruktur der Zusammenarbeit in Unternehmen. Diese werden im Folgenden genauer beschrieben.

Wertvorstellungen und Artefakte

Dass Wertvorstellungen und Artefakte für Unternehmen zentral sind und sogar zum Instrument werden können, wurde bereits in den 1920er/1930er Jahren erkannt, indem auf die Wichtigkeit von Normen, Werten und Stimmungen am Arbeitsplatz hingewiesen wurde (Barnard 1938). Aus diesen Ansätzen sind die Unternehmenskultur- und die Unternehmensklimaforschung hervorgegangen (Pettigrew 1979), in der Wertvorstellungen und Artefakten eine zentrale Rolle spielen. Es ist bekannt, dass zum Unternehmenserfolg auch so genannter „soft stuff" beiträgt (Hofstede 1984; Meek 1988; Schein 1985). Das Ziel der Unternehmenskultur/-klimaforschung ist, durch die Beschäftigung mit Wertvorstellungen und Artefakten Unternehmen besser zu verstehen und Regelmäßigkeiten und Muster von Handlungen zu erkennen (Denison 1990; Smircich 1983). Das Erkennen dieser Muster hat sich als sinnvolles Instrument erwiesen, um den Einfluss unterschiedlicher Wertvorstellungen auf Artefakte und organisatorischen Handlungen zu verstehen (Linstead und Grafton-Small 1992).

Schein (1992, S. 9) definiert Unternehmenskultur als *„the pattern of basic assumptions that a given group has invented, discovered, or developed in learning*

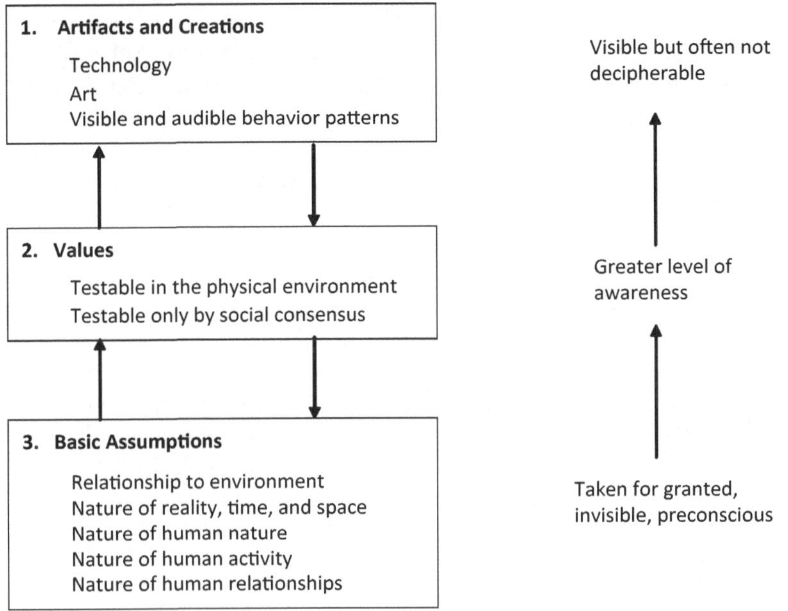

Abb. 3.1 Ebenen der Unternehmenskultur nach Schein (1985)

to cope with its problems of external adaptation and internal integration, and that have worked well enough to be considered valid, and, therefore, to be taught to new members as the correct way to perceive, think, and feel in relation to these problems.“ Als Elemente von Unternehmenskultur hat Schein (1985) vor allem Artefakte und Wertvorstellungen beschrieben (siehe Abb. 3.1).

Die oberste Ebene (materielles Phänomen) in Form von kulturellen Artefakten ist deutlich sichtbar und offenkundig, die Wertvorstellungen dagegen sind schwerer zugänglich. Zusätzlich gibt es noch implizite und unausgesprochene gemeinsame Grundannahmen (Schein 1992, 1995). Artefakte und Schöpfungen umfassen sichtbare Strukturen, Prozesse, Verhaltensweisen, Atmosphäre, Sprache, Kleidung etc. – also alles was „man hört, sieht und fühlt“ (Schein 1995, S. 30). Die Schwierigkeit der Artefakte besteht darin, dass sie zwar leicht zu beobachten und klar ersichtlich, aber nur schwer zu entschlüsseln sind. Da sie die anderen zwei Ebenen sichtbar widerspiegeln, bedarf es einer Interpretation der Artefakte durch die bekundeten Werte und Grundannahmen (Schein 1995). Wertvorstellungen sind gemeinsame Überzeugungen und Richtlinien, die das Verhalten und die Einstellungen der Mitglieder beeinflussen. Dabei werden Leitbilder, Strategien, soziale

Prinzipien, Philosophien, Ziele und Standards festgelegt, die besagen, was sozial akzeptabel ist (Schein 1992, 1995). Man darf allerdings nicht übersehen, dass diese „öffentlich propagierten" Werte nicht zwangsläufig mit den gelebten Werten bzw. mit den Grundannahmen übereinstimmen müssen (Schein 1992, S. 23 f.).

a. Spezifische Wertvorstellungen für Unternehmen im Wissenszeitalter

Risikograd Wie mit Risiken umgegangen wird, ist entscheidend für den Erfolg und das Weiterbestehen von Unternehmen. Einerseits können Unternehmen eher vorsichtig mit Risiken umgehen und als Antwort auf Herausforderungen v. a. konservative und bereits erprobte Programme und Prozesse einführen; andererseits kann auch risikoreich agiert werden, indem radikale Veränderungen in Unternehmen als Reaktion auf Herausforderungen stattfinden (Deal und Kennedy 1982; Hofstede 1984). Im Wissenszeitalter gibt es Situationen, in denen ein hoher Risikograd benötigt wird (z. B. für Exploration); für Exploitation wird ein geringerer Risikograd zum Erfolg führen. Risikoreiches Agieren birgt die Möglichkeit, Fehler zu machen, während risikoarmes Agieren, die Gefahr des zu zögerlichen Verhaltens mit sich bringt.

Vertrauen Vertrauen wird definiert als *„the willingness of a party to be vulnerable to the actions of another party based on the expectation that the other will perform a particular action important to the trustor, irrespective of the ability to monitor or control that other party"* (Mayer et al. 1995, S. 712). Vertrauen ist die Bereitschaft, sich möglichen Verletzungen durch Aktionen von anderen auszusetzen, weil man erwartet, dass andere diese Situation nicht ausnützen werden, ohne allerdings Kontrolle über die Aktionen der anderen zu haben (Mayer et al. 1995). Individuen haben eine mehr oder weniger ausgeprägte Neigung zu vertrauen (propensity of trust, Mayer et al. 1995), allerdings immer in Abhängigkeit von der Vertrauenswürdigkeit des Gegenübers oder der Situation (Levin et al. 2006). Vertrauen wird als wichtigste Wertvorstellung für die Zusammenarbeit in den in Kap. 2.2. beschriebenen Unternehmenssituationen im Wissenszeitalter gesehen. Für viele Prozesse muss Vertrauen zwischen den Beteiligten vorhanden sein (Dirks und Ferrin 2001). In zahlreichen Studien wurde der positive Einfluss von Vertrauen insbesondere auf Wissensprozesse bestätigt (López et al. 2004; Lucas und Kline 2008; Sollberger 2006). Allerdings ist bezogen auf organisationalen Wissensaustausch nicht nur das Vertrauen in den Wissensaustauschpartner entscheidend, sondern auch das Vertrauen in das Management, weil dadurch die Angst vor dem Wert- bzw. Einzigartigkeitsverlust für das Unternehmen minimiert wird (Renzl 2008).

Mitarbeiterorientierung vs. Outputorientierung Unternehmen unterscheiden sich auch dadurch, ob die Erledigung der Arbeit wichtiger ist oder ob die persönlichen und sozialen Bedürfnisse der MitarbeiterInnen im Vordergrund stehen (Deal und Kennedy 1982; Hofstede 1984). Dementsprechend wird zwischen Ergebnisorientierung und Mitarbeiterorientierung unterschieden (O'Reilly et al. 1991). Im Gegensatz zur Ergebnisorientierung liegt bei der Mitarbeiterorientierung der Fokus auf den Voraussetzungen, welche die MitarbeiterInnen benötigen, um ihre Arbeit zu erledigen (Deal und Kennedy 1982; Hofstede 1984; O'Reilly et al. 1991). Demgemäß beeinflusst die Mitarbeiterorientierung, in wie weit der Fokus auf Belohnungssystemen, Motivation und Möglichkeiten zum Beziehungsaufbau und zur Kooperation liegt (Kayworth und Leidner 2003).

b. Spezifische Artefakte für Unternehmen im Wissenszeitalter

Vision und Leitbilder Die Vision ist ein Instrument, um die Energie von MitarbeiterInnen in eine Richtung zu kanalisieren (Matzler et al. 2013). Außerdem kommuniziert sie den Sinn, warum man für das Unternehmen arbeiten sollte, richtet sich an Herz und Geist und hilft dabei, Werte zu verwirklichen (Hinterhuber 2004). Die Vision ist meist ein prägnanter Satz, der das Unternehmen verkörpert. Das Leitbild liefert dann häufig noch Kernzweck und Wertvorstellungen und Richtlinien, wie die Ziele des Unternehmens erreicht werden sollen.

Der Kernzweck des Unternehmens gibt an, wofür das Unternehmen steht, was seine Existenzgrundlage ist und worin der Zweck des Unternehmens besteht (Campbell und Yeung 1991). Dieser Zweck sollte prägnant sein, damit er schnell erfasst wird, motivierend wirkt und die Stakeholder inspiriert, auf ein höheres Ideal hinzuarbeiten. Die Kernwerte des Unternehmens sind die Überzeugungen und moralische Prinzipien des Unternehmens und bilden damit, wie oben beschrieben, die Unternehmenskultur. Die Kernwerte schriftlich festzuhalten, erleichtert es, das Verhalten von MitarbeiterInnen im Sinne des Unternehmens zu beeinflussen (Collins und Porras 1996).

Um die Vision und das Leitbild eines Unternehmens für alle MitarbeiterInnen verständlich zu machen, sollte es in lebhafte Bilder und Worte übertragen werden, die beschreiben, wie die Zukunft aussieht. Damit werden Herz und Verstand der Leute angesprochen werden. Dazu muss es authentisch, leidenschaftlich und überzeugend sein (Collins und Porras 1996). Zusammen mit dem visionären Ziel ist die lebhafte Beschreibung der Teil der Vision und des Leitbildes, der den Fortschritt stimuliert und sicherstellt (siehe Abb. 3.2).

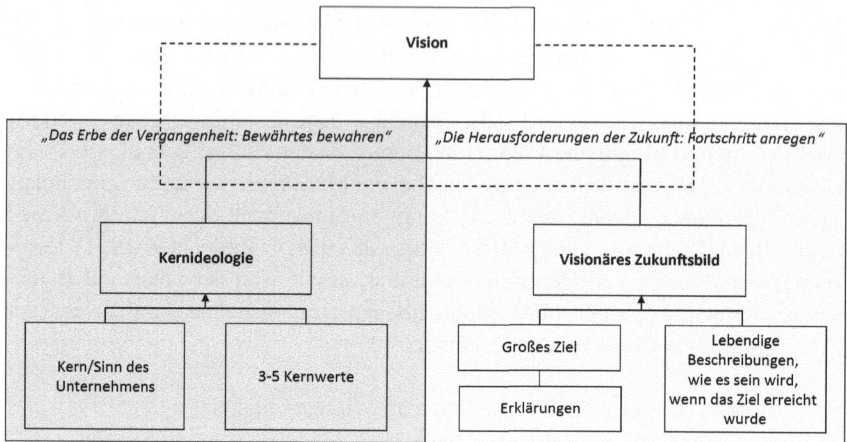

Abb. 3.2 Elemente einer Unternehmensvision und eines Leitbildes. (Modifiziert nach Collins und Porras 1996)

Code of conduct Ein Code of Conduct ist ein Schriftstück, das die Verhaltensstandards, die in einer Branche oder einem Unternehmen erwartet werden, auflistet, konkretisiert und bekräftigt. Das Ziel ist, ethisches Verhalten im Unternehmen, insbesondere auch mit Zulieferern und KundInnen durchzusetzen und zu bestärken (Diller 1999). Code of Conducts beschäftigen sich mit unterschiedlichen Anforderungen hinsichtlich Arbeitsbedingungen, Menschenrechte und Umweltschutz. In ihnen wird gefordert, dass Kinderarbeit, Zwangsarbeit und Diskriminierung abgelehnt werden und Arbeitsschutzmaßnahmen zur Sicherheit am Arbeitsplatz ergriffen werden sollen.

Code of Conducts umfassen generell folgende Prinzipien und spiegeln damit Wertvorstellungen wider (Schwartz 2002):

- Vertrauenswürdigkeit und Zuverlässigkeit (inklusive Ehrlichkeit, Integrität, Verlässlichkeit und Loyalität)
- Respekt (unter anderem für die Menschrechte)
- Verantwortung und Rechenschaftspflicht
- Fairness
- Sorgfalt (um unnötigen Schaden zu vermeiden)
- Citizenship (inklusive der Achtung des Rechts und des Schutzes der Umwelt)

Je nach Ausgestaltung unterscheiden sich Code of Conducts gemäß ihrer unterschiedlichen Ansprache von Stakeholdergruppen, Priorisierung und der Präzisierung von erwarteten Verhaltensweisen, sowie ggf. das Einbinden von Sanktionen für abweichendes Verhalten. Außerdem kann sich der Prozess, in dem die Code of Conducts entstehen dahingehend unterscheiden, ob MitarbeiterInnen oder andere Stakeholdergruppen in die Auswahl und Formulierung mit einbezogen werden. Code of Conducts werden häufig mit den Einstellungsunterlagen an die MitarbeiterInnen verteilt oder sind sichtbar im Unternehmen verankert. Manche Unternehmen halten Schulungen zu diesem Thema ab (Schwartz 2002).

Inwieweit diese Code of Conducts das Verhalten der MitarbeiterInnen tatsächlich beeinflussen ist umstritten (Schwartz 2002). Eine klare Erkenntnis ist allerdings, dass das Vorhandensein eines Codes of Conducts das Bewusstsein der MitarbeiterInnen bezüglich ethischen Verhaltens beeinflusst. Wenn diese Codes nicht existieren, achten MitarbeiterInnen viel seltener darauf, ob ihr oder das Verhalten anderer ethisch korrekt ist (Somers 2001). In der Forschung hat sich gezeigt, dass nicht nur formale Verhaltensvorgaben und Kontrollen eine Rolle spielen, damit sich MitarbeiterInnen ethisch korrekt verhalten, sondern dass auch informelle Mechanismen, die z. B. in der Unternehmenskultur liegen, entscheidend sind (Cassell et al. 1997).

Infrastruktur der Zusammenarbeit

a. Informations- und Kommunikationstechnologien

Mit der Entwicklung der Informationstechnologie gehen die Technologisierung und Digitalisierung sowie sämtliche Veränderungen von Strukturen und Prozessen wirtschaftlichen Agierens einher (Rosegger 1991). Innerhalb dieser Veränderungs- und Reorganisationsprozesse wird den Informations- und Kommunikationstechnologien (IuK) eine zentrale Relevanz beigemessen (Picot et al. 2003).

Krcmar (2015, S. 8) definiert Informations- und Kommunikationstechnik als *„Gesamtheit der zur Speicherung, Verarbeitung und Kommunikation zur Verfügung stehenden Ressourcen sowie die Art und Weise, wie diese Ressourcen organisiert sind."* Hingegen vereinen IuK nach Picot und Reichwald (1991) personelle, organisatorische und technische Komponenten, welche gemeinsam die Struktur der IuK bestimmen.

Der Einsatz moderner IuK ist nicht an Grenzen von Unternehmen gebunden und hat in der Folge erhebliche Auswirkungen auf verschiedene Parameter der Wertschöpfungskette (Wigand et al. 2005; Craighead und Laforge 2003). Moderne IuK gewähren Unternehmen die Möglichkeit verschiedenste Hindernisse auf dem Weg der strategischen Zielerreichung zu überwinden. Dazu zählen räumliche Distanzen, Raum-, Zeit- und Kapazitätsengpässe sowie Wissens- und Flexibilitätsmängel (Picot et al. 2003). Der Einsatz von IuK generiert in diesem Kontext neue Lösungen für organisationsbezogene Innovationen (Picot et al. 2003) und

Effizienzvorteile. Einen wesentlichen Faktor innovativen Handelns stellen die Vernetzungsmöglichkeiten von Prozessen und Personen dar (Picot et al. 2003), mit deren Hilfe Informationen und Wissen schneller ausgetauscht und räumliche Entfernungen überwunden werden können. Interaktive Wertschöpfung, im Sinne von Kooperation und sozialem Austausch, gewinnt nicht zuletzt durch moderne IuK sowie dem Internet zunehmend an Bedeutung und führt zu einem Wandel hinsichtlich der Organisation der Arbeitsteilung (Reichwald und Piller 2009). Eine populäre, neuartige Form stellt das sogenannte „Crowdsourcing" nach Howe (2008) dar. Arbeitsteilige Wertschöpfung in Netzwerken (Outsourcing) erfährt in diesem Kontext eine Weiterentwicklung zu offenen Modellen der Zusammenarbeit mit einer Masse (crowd) an Beteiligten (Howe 2008). Eine weitere Form stellen modularisierte, zum Teil virtuelle Organisationen dar, welche sich „(…) *innovativer technisch-organisatorischer Potentiale wie z. B. Telekooperation, elektronischer Märkte oder zwischenbetrieblicher Systemintegration*" bedienen (Picot et al. 2003, S. 6).

b. Typologie der digitalen Arbeit

Ausgehend von den oben skizierten Veränderungen und Möglichkeiten durch IuK, wird Zusammenarbeit in Zukunft noch stärker als bisher in einem Umfeld stattfinden, in dem die Grenzen zwischen online und offline verschwinden. Daher bedarf es der Implementierung einer technologischen Infrastruktur, die es den Mitarbeitern ermöglicht, an jedem Aufenthaltsort (d. h. Office, Home Office, Shared Office, Mobil) auf Informationen zuzugreifen und gemeinsam zu arbeiten. Die Bereitstellung einer solchen Infrastruktur reicht allerdings nicht aus. Um die Unternehmensziele zu erreichen, muss die Gestaltung der organisationalen Infrastruktur so erfolgen, dass die abteilungsübergreifende Zusammenarbeit nicht nur gefördert wird, sondern als selbstverständlich, d. h. ohne große Umstände, in den Arbeitsalltag integriert werden kann. Waber et al. (2014, S. 71) gehen sogar noch einen Schritt weiter und sprechen davon, dass in Zukunft Büros zu einem „*semipermeable public space woven into the urban fabric*" werden.

Das Arbeiten an verschiedenen Arbeitsorten geht Hand in Hand mit dem Verständnis der digitalen Arbeit. Allerdings zeigt sich in der betrieblichen Praxis, dass viele Unternehmen noch weit davon entfernt sind, die Heterogenität der Qualifikationen, Bedürfnisse und Wahrnehmungen ihrer MitarbeiterInnen bezogen auf den digitalen Arbeitsalltag in allen Facetten zu durchdringen. Vogl und Nies (2013) zeigen auf, dass es hierzu neben der zuvor genannten technologischen Infrastruktur auch gesetzlicher und tarifvertraglicher Normen, betrieblicher Vereinbarungen, Codes of Conducts etc. bedarf. Allerdings kann aufgrund der Heterogenität der MitarbeiterInnen die Implementierung, Evaluierung und auch Regulierung des

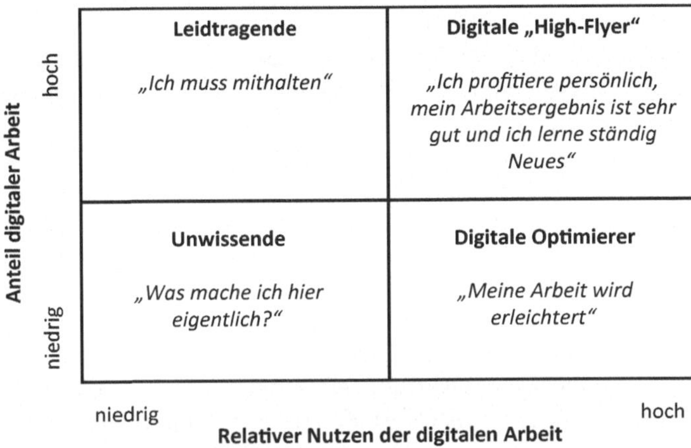

Abb. 3.3 Typen der digital Arbeitenden (Neyer 2015)

digitalen Arbeitens an verschiedenen Arbeitsorten nur durch ein differenziertes Verständnis des individuellen Nutzens der digitalen Arbeit erreicht werden. Dazu müssen die verschiedenen Typen der digital Arbeitenden und ihre jeweiligen Erwartungshaltungen und Fähigkeiten berücksichtigt werden. Neyer (2015) hat eine Typologie entwickelt, die in Abhängigkeit des Anteils der digitalen Arbeit und des relativen Nutzens der digitalen Arbeit vier Typen von digital Arbeitenden aufzeigt (siehe Abb. 3.3). Der Anteil der digitalen Arbeit wird definiert als der objektive Nutzungsgrad informations- und kommunikationstechnischer digitaler Arbeitsmittel. Der relative Nutzen der digitalen Arbeit ist der individuelle Nutzen, der sich durch die Arbeit mit digitalen Arbeitsmitteln ergibt. In Anlehnung an Schröder (2014) versteht man unter individuellem Nutzen den Grad an:

- Bewusster Nutzung von Gestaltungsspielräumen, die sich aus der zeitlichen und räumlichen Disponibilität von digitaler Arbeit ergeben
- Autonomie bei der Arbeitsgestaltung (z. B. Flexibilität)
- Work-Life Balance
- Work-Life Blending
- Belastungen und Beanspruchungen, die sich durch die vielfach entgrenzende Wirkung von digitaler Arbeit ergeben (z. B. permanente Erreichbarkeit)
- Spaß an der Nutzung von digitalen Arbeitsmitteln
- Verfügung über die für das digitale Arbeiten erforderlichen Kompetenzen und Qualifikationen
- Schutz der Daten und Gewährleistung der Persönlichkeitsrechte der digital Arbeitenden

Je nachdem wie hoch der relative Nutzen der digitalen Arbeit eingeschätzt wird und wie hoch der tatsächliche Einsatz von digitalen Arbeitsmitteln im Rahmen der jeweiligen Tätigkeit ist, reicht die Spannweite der in hohem Umfang digital Arbeitenden vom Leidtragenden, der sich z. B. aufgrund der Verhaltensweise seines Umfelds (z. B. KollegInnen, die auch am Wochenende Emails beantworten) unter Druck gesetzt fühlt bis hin zum digitalen Highflyer, der ein Unternehmensumfeld schätzt, in dem technologische als auch organisationale Infrastruktur so ausgelegt sind, dass digitales Arbeiten an verschiedensten Arbeitsorten und -zeiten als selbstverständlich angesehen wird. Ist der tatsächliche Anteil der digitalen Arbeit am Tagesgeschäft gering, so lassen sich der Unwissende, d. h. derjenige, dem nicht explizit bewusst ist, dass im Rahmen seiner Aufgaben der Einsatz von digitalen Arbeitsmitteln nutzenstiftend sein können und der digitale Optimierer unterscheiden. Der letztere versteht es, die geringen Möglichkeiten der digitalen Arbeit, die seine Tätigkeit mit sich bringen, optimal für sich zu nutzen, z. B. durch die Möglichkeit von Telearbeit an einzelnen Tagen. Diese verschiedenen Typen und ihre Erwartungen und Bedürfnisse können die virtuelle Zusammenarbeit beeinflussen. Arbeiten in einem Team z. B. vorrangig digitale Highflyer, so kann davon ausgegangen werden, dass die Grundeinstellung gegenüber der virtuellen Zusammenarbeit positiver ist, als wenn sich das Team aus den Typen „Leidtragende" und „Unwissende" zusammensetzt.

3.2 Instrumente auf individueller und gruppenbezogener Ebene

Die Instrumente auf der individuellen bzw. gruppenbezogenen Ebene umfassen Führungsstile und sozialpsychologische Faktoren. Diese werden im Folgenden genauer beschrieben.

Führungsstile
Aus der neueren Forschung zu Führungsstilen haben wir die transformationale Führung, Shared Leadership und Ambidextrous Leadership ausgewählt, da sie im Hinblick auf die sich ständig verändernden Anforderungen der Wissensgesellschaft entwickelt wurden.

a. Transformationale Führung

Seit im Jahr 1978 James McGregor Burns die Theorie der transformationalen Führung erstmals beschrieben hat, spielen die damit verbundenen Überlegungen der Interaktionsgestaltung von Führendem und Geführten sowohl in der Forschung als auch in der Praxis eine zentrale Rolle. Als Weiterentwicklung differenzierte Bass (1985) das bisherige Konzept von Burns und unterstellte charismatische Führungskräfte, welche die Bedürfnisse, Werte, Prioritäten und Motivation der MitarbeiterInnen verändern. In diesem Zusammenhang wird transformationale Führung als Prozess verstanden, der auf die Entwicklung von Potenzialen und Fähigkeiten der Geführten abzielt und dazu beitragen soll, das Augenmerk über die eigenen Interessen hinaus auf die Interessen der Gruppe zu lenken. Die Person des Führenden hat dabei ein Bewusstsein für die Bedürfnisse des einzelnen Geführten, für die Mission und Vision der Gruppe und bringt diese mit den Erwartungen und Bedürfnissen der Gesamtorganisation in Einklang. Dieses Verständnis von Führung ermöglicht es laut Bass und Avolin (1994), das Unternehmen weiterzuentwickeln und den Wandel zu unterstützen.

Die vier charakteristischen Elemente (auch als die Vier I's bezeichnet) von transformationaler Führung sind (Avolio et al. 1991; Avolio und Bass 2002; Bass und Riggio 2006):

- Idealisierter Einfluss: Die transformationale Führungskraft erlangt durch ihr Verhalten Respekt und Vertrauen, sodass sie als Vorbild fungiert. Dabei werden die Interessen der Gruppe über die eigenen Bedürfnisse gestellt. Bass (1994) spricht in diesem Zusammenhang von Charisma.
- Inspirierende Motivation: Die Führungskraft motiviert und inspiriert die Geführten und verleiht deren Arbeit mehr Bedeutung und Sinn, indem eine herausfordernde Vision und gemeinsame Ziele entwickelt werden. Kommunikation stellt eines der Hauptmerkmale dar.
- Intellektuelle Stimulation: Die Führungskraft ermutigt die Geführten, existierende Annahmen zu hinterfragen sowie neue Lösungsansätze zu suchen. In diesem Zusammenhang vertraut sie auf die Innovationsfähigkeit und Kreativität der Geführten.
- Individuelle Berücksichtigung: Die Führungskraft versteht sich als Coach und Mentor mit dem Ziel, die individuellen Stärken der Geführten zu fördern.

Im Gegensatz zu Burns (1978), zeigt nach Bass (1999) jede Führungskraft transformationale und transaktionale Verhaltensweisen, welche sich lediglich in ihrer Intensität unterscheiden. Er geht davon aus, dass transformationale Führung die transaktionale Führung nicht herabstuft, sondern auf ihr aufbaut und im Zuge dessen die Effektivität gesteigert wird (Yammarino 1993; Waldman et al. 2001). Bass und Avolio (1994) entwickelten die „Full Range of Leadership"-Theorie, welche neben den vier transformationalen Elementen verschiedene Komponenten des transaktionalen Führungsverhaltens und der Laissez-faire Führung beinhaltet (siehe Abb. 3.4). Diese werden wie folgt unterteilt:

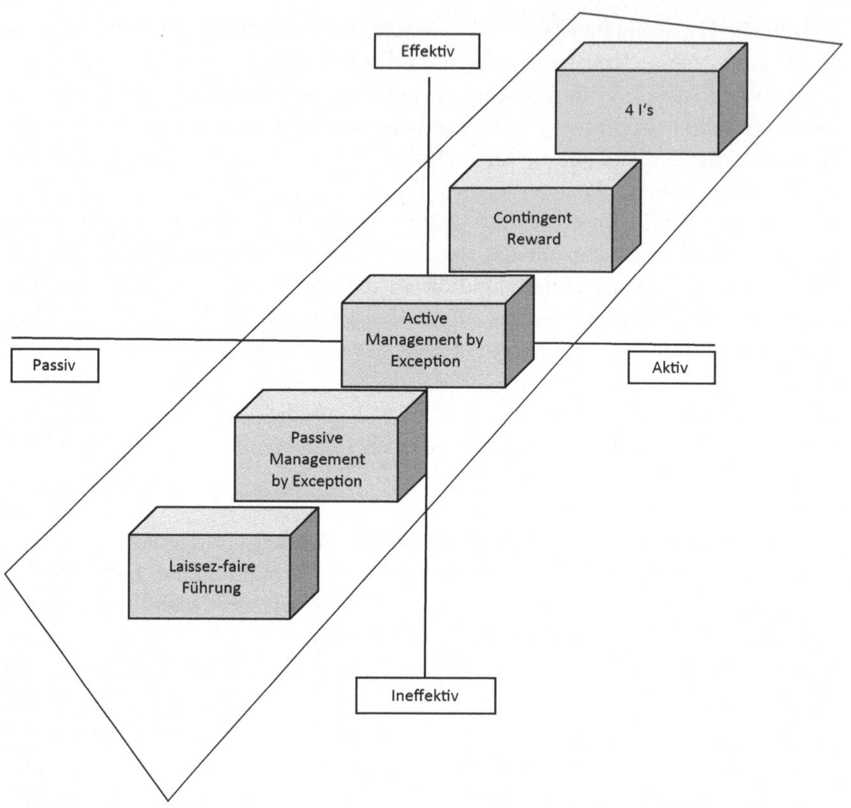

Abb. 3.4 Full Range of Leadership. (Modifiziert nach Bass und Avolio 1994, S. 5)

- Contingent Reward ist die leistungsorientierte Entlohnung, d. h. zwischen Führungskraft und MitarbeiterInnen werden gegenseitige Erwartungen und Ziele
  vereinbart, nach gewissem Zeitraum abgeglichen und bei Erfüllung entsprechend belohnt (Bass 1985, 1999).
- Active Management by Exception meint die Führung durch proaktive Kontrolle, d. h. Führungskräfte kontrollieren die Prozesse und korrigieren diese im
  Bedarfsfall.
- Passive Management by Exception zielt auf das reaktive Eingreifen im Bedarfsfall ab, d. h. erst wenn Abweichungen ein Eingreifen der Führungskraft unbe-
  dingt erforderlich machen, wird diese aktiv.
- Laissez-faire Führung ist charakterisiert durch einen passiven, ineffizienten
  Verhaltensstil, d. h. es findet ein Verzicht auf Führung und Einfluss statt (Bass
  1985, 1999).

Insgesamt zeigt sich, dass die transformationale Führung besser geeignet ist, Performance vorherzusagen, da sie weniger kurzfristige Ziele verfolgt und höhere, intrinsische Bedürfnisse anspricht (Waldman et al. 1990; Judge und Piccolo 2004). Sie scheint insbesondere bei instabilen Umweltbedingungen und flexiblen Organisationsstrukturen zu funktionieren (Bass et al. 2003). Es finden sich zahlreiche empirische Belege, die eine Wirkung von transformationaler Führung auf diverse organisationale Prozesse aufzeigen. So konnte ein positiver Zusammenhang zwischen transformationaler Führung und dem von der Führungskraft attestierten Führungserfolg, der Anzahl der Innovationen von Forschungs- und Entwicklungsprojektteams oder der Mitarbeiterloyalität nachgewiesen werden (Hater und Bass 1988; Waldmann et al. 1987; Keller 1992; Fullager et al. 1992). Trotz der Vielzahl an Stärken weisen die Konzepte gewisse Schwächen auf. U. a. wird angeführt, dass dieser Theorie konzeptuelle Klarheit fehlt und sie leicht zu Heldenverehrung führen kann (Felfe 2005). Es gibt keinen eindeutigen Bezugsrahmen, an dem sich Führungskräfte orientieren können, um die beschriebenen Aufgaben (beispielsweise das Entwickeln einer allumfassenden Vision) zu bewältigen (Northouse 2007). Außerdem besteht die Gefahr, dass der Fokus zu stark auf dem Charisma der Führungskraft liegt (Felfe 2005). Hierbei können möglicherweise Abhängigkeitsverhältnisse zwischen Führungskraft und MitarbeiterInnen entstehen, die sich negativ auf die Leistungserbringung und innovative Verhaltensweisen auswirken und Feedback und wechselseitiges Hinterfragen von Handlungen verhindern (Kaudela-Baum et al. 2014).

b. Shared Leadership

Ein weiteres Konzept ist die geteilte Führungsverantwortung (Shared Leadership). „Shared Leadership" wird definiert als: „…*a dynamic, interactive influence process among individuals in groups for which the objective is to lead one another to the achievement of group or organizational goals or both.*" (Pearce und Conger 2003, S. 1). Bei einer Verteilung der Führungsverantwortung sind alle Mitglieder an dem kontinuierlichen, interaktiven Führungsprozess beteiligt. Dadurch soll ermöglicht werden, dass durch gegenseitige Einflussnahme das Potential des Teams voll ausgeschöpft wird. Führungsarbeit wird immer von jenen Personen ausgeübt, die über das entsprechende Expertenwissen und die aktuell notwendigen Fähigkeiten verfügen, unabhängig von ihrer formalen Position (Pearce 2004).

Aktuelle Studien zeigen, dass Shared Leadership einen wichtigen Einfluss auf Effektivität einer Gruppe ausübt und gerade im Zusammenhang mit Hochleistungsteams bereits jetzt eher die Regel als eine Ausnahme bildet (Bligh et al. 2006; Pearce und Sims 2002). Allerdings benötigt Shared Leadership durch den sehr viel komplexeren und zeitintensiveren Führungsprozess bestimmte Voraussetzungen:

- Bei komplexen Aufgabenstellungen kann der Gesamtzusammenhang von einer einzelnen Person nicht mehr erfasst werden und zu ihrer Bewältigung wird unterschiedliches Expertenwissen erfordert.
- Auch der immer höhere Grad an Vernetzung von Aufgabenstellungen gerade innerhalb von Netzwerken übersteigt die Fähigkeit eines einzelnen Individuums, den Überblick zu behalten. Die aktive Einbeziehung aller Netzwerkmitglieder in den Entscheidungs- und Führungsprozess ermöglicht hingegen, der hohen Integration und Interdependenz von Aufgaben gerecht zu werden und somit die Leistungsfähigkeit eines Netzwerks zu steigern (Pearce 2004).
- Ein hohes Maß an Kreativität, welches für eine erfolgreiche Aufgabenbewältigung erforderlich ist, ist ausschlaggebend für eine Verteilung der Führungsverantwortung. Da kreative Problemlösungen nach Einbeziehung unterschiedlichster Personen und vielfältigen Input verlangen, bewährt sich gerade in diesen Situationen eine Beteiligung aller Mitglieder (Pearce und Manz 2005).

Wenn diese Anforderungen gegeben sind und sich Unternehmen entscheiden, die Führungsverantwortung zu teilen, müssen entsprechende Personalentwicklungs- und Anreizsysteme eingeführt werden. Sowohl Management als auch MitarbeiterInnen sollten durch entsprechende Trainings auf ihre Rolle bei der Mitwirkung von verteilter Führungsverantwortung vorbereitet werden. Zusätzlich kann durch Einführung angemessener Anreizsysteme dieses Führungssystem angepriesen und gefördert werden. Der Wert dieser Verteilung von Führungsverantwortung sollte über die Unternehmenskultur an alle Team- bzw. Netzwerkmitglieder kommuniziert werden (Pearce 2004).

c. Ambidextrous Leadership

Das Konzept Ambidextrous Leadership ist im Zusammenhang mit organisationaler Ambidextrie entstanden und ein sehr neues Konzept (Vera und Crossan 2004). Die Idee dieses Führungskonzeptes ist, dass es vom Top-Management-Team ausgehen muss, organisationale Ambidextrie im Unternehmen zu verorten. Dazu benötigen Führungskräfte verschiedene Fähigkeiten, damit MitarbeiterInnen angeregt werden, explorativ und exploitativ zu arbeiten. Einerseits sollen diese zur Kreativität inspiriert werden, andererseits geht es darum im Unternehmen stabil und effizient zu arbeiten (Bledow et al. 2011; Rosing et al. 2011).

Ein interessanter Aspekt von Ambidextrous Leadership ist, dass es die Mikro- und die Makro-Ebene eines Unternehmens verbindet: Auf der strategischen Makro-Ebene soll Ambidextrie erreicht werden. Dies kann aber nur geschehen, wenn auf der Mikro-Ebene von den Führungskräften Ambidextrous Leadership eingesetzt wird, damit sich die MitarbeiterInnen in der Gesamtheit ambidexter verhalten können (Müller und Renzl 2013).

Zu den Fähigkeiten, die für Ambidextrous Leadership benötigt werden, zählt das ambidextre Denken und damit die Fähigkeit, sich in explorative und exploitative Prozesse hineinversetzen zu können, um diese gezielt unterstützen zu können. Das ist natürlich eine komplexe Aufgabe für Führungskräfte. Unterstützend wirken dabei die entsprechende Verteilung von Ressourcen, insbesondere Zeit und Netzwerkstrukturen, um die Prozesse zu verknüpfen. Aber auch Leidenschaft für organisationale Ambidextrie und Mut diese durchzusetzen sind entscheidend. Außerdem kommen hier wieder Elemente des oben beschriebenen Transformational Leadership als Unterstützung für explorative Prozesse und Elemente des Transactional Leadership für exploitative Prozesse zum Tragen (Burpitt 2009; Jansen et al. 2008; Nemanich und Vera 2009). Je nach Führungsebene können verschiedene Aufgaben des Ambidextrous Leadership unterschieden werden (siehe Abb. 3.5).

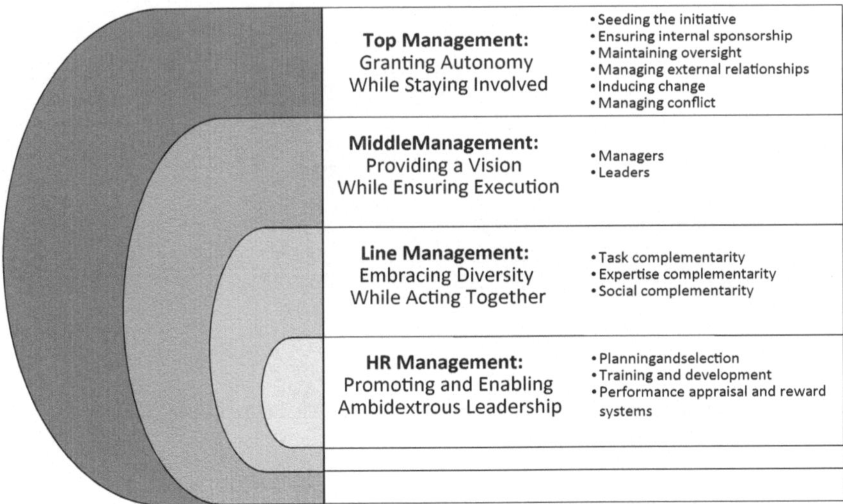

Abb. 3.5 Aufgaben der verschiedenen Management-Ebenen (Probst et al. 2011)

Sozialpsychologische Faktoren

Sozialpsychologische Faktoren sind für Gruppen relevant, weil sie die Kooperation und Interaktion beeinflussen. Im Folgenden zeigen wir anhand der Motivation, des Commitments und der sozialen Identität, warum die Business Governance auch diese Faktoren miteinbeziehen soll.

a. Motivation

Unter Motivation werden im Folgenden verschiedenartige psychische Prozesse subsumiert, welche ein bestimmtes Verhalten auslösen und daher richtungsgebend und von einer gewissen Dauerhaftigkeit gekennzeichnet sind (Woolfolk 2008). Die zwei zentralen allgemeingültigen Eigenschaften motivierten Verhaltens stellen *„das Streben nach Wirksamkeit und die Organisation des Handelns in Phasen des Zielengagements und der Zieldistanzierung"* (Heckhausen und Heckhausen 2010, S. 3) dar. Ferner besteht die Annahme, dass Motivation aus dem Zusammenspiel von personenbezogenen Aspekten (Motive als psychische Dispositionen) und situationsbezogenen Faktoren (konkrete Anforderungen der Situation) resultiert (Heckhausen und Heckhausen 2010). Ersichtlich wird dies in der folgenden Abb. 3.6

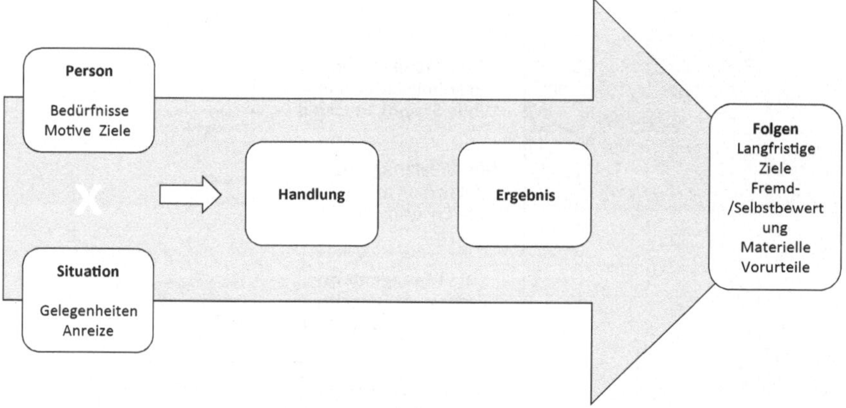

Abb. 3.6 Determinanten und Verlauf von Motivation. (Modifiziert nach Heckhausen und Heckhausen 2010, S. 3)

Motivation ist demnach ein Produkt aus personalen und situativen Faktoren (Rothermund und Eder 2011). Verhalten entsteht oder unerwünschtes Verhalten wird unterlassen, wenn Motive (Beweggründe, Bedürfnisse, Streben) durch Gelegenheiten und Anreize der Situation aktiviert werden. Unter Motiven versteht man in diesem Zusammenhang individuelle Präferenzen für bestimmte Anreizklassen (McClelland et al. 1989).

Darüber hinaus kann zwischen extrinsischer und intrinsischer Motivation unterschieden werden. Während bei extrinsischer Motivation die angestrebten Zielzustände außerhalb der Handlung liegen, d. h. Konsequenzen darstellen, die auf eine Handlung folgen, befinden sie sich bei intrinsischer Motivation innerhalb der Handlung, d. h. es sind Erlebenszustände während der Handlungsausführung (Schiefele und Schaffner 2015). Folglich sind Individuen extrinsisch motiviert, wenn das Anstreben eines Handlungsziels durch äußere Anreize bestimmt wird. Demgegenüber verfolgen intrinsisch motivierte Individuen die Befriedigung der Motive um ihrer selbst willen. Dies hat Auswirkungen auf die Handlungen von MitarbeiterInnen in Unternehmen.

b. Commitment

Commitment bedeutet Bindung und Verbindlichkeit, sowie Leistungsbereitschaft, Engagement und Hingabe. Im organisationalen Kontext verstehen Mowday et al. (1979, S. 226) unter Commitment „[...] *the relative strength of an individual's identification with and involvement in a particular organization.*" Organisationales Commitment beschreibt demnach das Zugehörigkeits- bzw. Verbundenheitsgefühl von Individuen gegenüber ihrer Organisation oder Teilen der Organisation (van Dick 2004). Der Begriff der Organisationsbindung bzw. des organisationalen Commitments wird in dem integrativen, mehrdimensionalen Konzept von Allen und Meyer (1990) in drei Komponenten unterteilt, bei dem alle drei Mechanismen zur gleichen Zeit und in verschiedenen Ausprägungen von MitarbeiterInnen erlebt werden können (Meyer und Allen 1991, 1997)

- Das affektive Commitment („affective commitment") bezeichnet die emotionale Bindung, die Identifikation mit dem Unternehmen und die Beteiligung an der Zielerreichung des Unternehmens.
- Das kalkulatorische bzw. fortsetzungsbezogene Commitment („continuance commitment") beschreibt eine rationale Art der Kosten-Nutzen-Rechnung in Bezug auf die Organisationszugehörigkeit, im Vergleich zu einem Wechsel der Organisation.
- Bei dem normativen Commitment („normative commitment") geht es vorrangig um die gefühlte Verpflichtung gegenüber der Organisation auf der Grundlage von Normen.

Einschlägige Studien belegen positive Zusammenhänge zwischen Commitment und Leistung, Motivation und Anwesenheit am Arbeitsplatz; hingegen bestehen negative Zusammenhänge zwischen Commitment und Stress, der Absicht, das Unternehmen zu verlassen, sowie dem tatsächlichen Verlassen des Unternehmens (Cooper-Hakim und Viswesvaran 2005; Mathieu und Zajac 1990). Daher ist Mitarbeiterbindung als ein wesentlicher Erfolgsfaktor für Unternehmen zu betrachten und einzuordnen (Felfe 2008).

c. Soziale Identität

Soziale Identität ist ein Konzept aus der Sozialpsychologie. Es beschreibt die Zugehörigkeit zu einer Referenzgruppe, die für die Definition einer Person wichtig ist und damit auch deren Verhalten beeinflusst (Smith et al. 2007). Gruppen formen diese soziale Identität aus und sagen damit „wer sie sind", wie sie sich von anderen unterscheiden und was sie zusammenhält (Hogg und Abrams 2003; Hogg et al. 2004). Diese Gruppe, zu der sich ein Individuum zugehörig fühlt, wird als „In-Group" bezeichnet. Alle anderen Gruppen, mit denen die Person keine gemeinsame Identität verbindet, werden als „Out-Groups" bezeichnet. In diesen Gruppen entwickeln sich verschiedene Normen, die das Verhalten miteinander, aber auch in Bezug auf die anderen Gruppen definieren (Hogg und Reid 2006).

Wenn sich Personen einer Gruppe annähern, suchen sie zuerst *kognitiv* nach Übereinstimmungen mit der Denkweise der Gruppenmitglieder (Cornelissen et al. 2007; Tajfel 1982). Auf der *emotionalen Ebene* entwickelt sich dann, wie stark sich Individuen in die Gruppe einbringen und umgekehrt wie stark die Gruppe Einfluss auf das Denken und Handeln des Individuums hat. Das wird durch Loyalität und Verantwortungsgefühl der Gruppe gegenüber ausgedrückt (Bagozzi und Dholakia 2002). Die Bedeutung der Gruppe bestimmt, wie stark das Selbstvertrauen der Individuen auf der Mitgliedschaft in dieser Gruppe basiert.

Die soziale Identität zusammen mit der Persönlichkeit einer Person macht die Selbstdefinition einer Person aus. Prinzipiell kann sich ein Individuum nicht nur zu einer Gruppe zählen. Ein Mitarbeiter der Forschungsabteilung eines Unternehmens kann z. B. auch Mitglied in einem Fußballverein sein (= Sportidentität), sich als Ingenieur sehen (= Berufsidentität) und Christ (= religiöse Identität) sein (Plank und Mueller 2011). Wie sich diese Person in einer bestimmten Situation verhält, hängt davon ab, welche soziale Identität gerade aktiviert wird (Hogg und Terry 2000). Im beruflichen Umfeld wird meist die Berufsidentität aktiviert. Das bedeutet, dass den Normen und Denkweisen der Gruppe der Ingenieuren entsprechend gedacht und gehandelt wird.

Die verschiedenen sozialen Identitäten können miteinander in Verbindung stehen, je nachdem wie sehr sich die Wertvorstellungen, Normen und Denkweisen überschneiden. Forschung hat gezeigt, dass je mehr sozialen Gruppen sich eine Person zugehörig fühlt, desto toleranter ist sie den Verhaltensweisen anderer gegenüber (Brewer und Pierce 2005). Darüber hinaus kann die Mitgliedschaft in vielen sozialen Gruppen dazu führen, dass eine Person mehrere Sichtweisen versteht (Roccas und Brewer 2002) und die Vermittlung zwischen den Gruppen übernimmt. Im Unternehmenskontext arbeiten diese Personen oft an Schnittstellen zwischen zwei Gruppen (z. B. Abteilungen, Kunde-Unternehmen, Lieferanten-

Unternehmen) und sind wichtig für Wissensaustauschprozesse im Unternehmen (Adarves-Yorno et al. 2007; Brewer 1999; Cornelissen et al. 2007; Gao und Riley 2010; Willem et al. 2008).

Für Innovationsprozesse in Unternehmen hat sich gezeigt, dass soziale Identitäten eine Rolle spielen. Kreative Innovationsprozesse finden sehr häufig in Gruppen statt, die ihre eigene soziale Identität ausbilden. Je offener Innovationsprozesse sind, desto häufiger treffen verschiedene soziale Identitäten aufeinander. Problematisch wird es, wenn diese sozialen Identitäten nicht kompatibel sind. Das passiert entweder schon in der nicht funktionierenden Zusammenarbeit, weil unterschiedliche Wertvorstellungen und Normen aufeinandertreffen. Dann werden z. B. KundInnen, die in den Innovationsprozess integriert werden, nicht als Teil des Innovationsteams gesehen (Plank und Mueller 2011). Oder die soziale Identität greift zu einem späteren Zeitpunkt, wenn die Idee, die mit Außenstehenden generiert wurde, nicht innerhalb des Unternehmens angenommen wird (Plank und Mueller 2011). Dieses Phänomen wird „Not-invented-here"-Syndrom genannt (Katz und Allen 1982; Mehrwald 1999). Genauso können soziale Identitäten den Innovationsprozess unterstützen. Beispielsweise können Lieferanten, die in den Innovationsprozess mit einbezogen werden, zwar als Außenstehende in Bezug auf die Unternehmensidentität gelten. Wenn sie aber auch Ingenieure sind, kann diese soziale Identität aktiviert werden, was die Zusammenarbeit erleichtert (Plank und Mueller. 2011).

Business Governance in der Praxis 4

Ausgehend von der zunehmenden Dynamik, in der Unternehmen der nächsten Generation agieren müssen, ist es das Ziel dieses Buches, einen Überblick über die Business Governance als neue Form der Mitarbeiter- und Unternehmensführung, zu geben. Wie im eingangs erwähnten Zitat von Don Robert (CEO of Experian) wird Führung im Kontext der zunehmenden Öffnung von Unternehmensgrenzen noch stärker davon gekennzeichnet sein, dass seitens der internen und externen Stakeholder-Gruppen verschiedenste Erwartungshaltungen an die Entscheidungsträger im Unternehmen gegeben sind. Die Business Governance ist eine Funktion von Unternehmenssituation, Unternehmensziel und Instrumenten der Unternehmens- und Mitarbeiterführung

$$BG = f(S, Z, I)$$

und eröffnet dadurch neue Wege der Entscheidungsfindung, wenn es darum geht, das Unternehmen zielgerichtet in die richtige Richtung zu führen. Dabei gilt es, ausgehend von der jeweiligen Unternehmenssituation, d. h. Projektorganisation, Expertenorganisation und offene Organisation/Netzwerkorganisation und in Abhängigkeit der Unternehmensziele, d. h. Effizienz, Innovation, oder Ambidextrie, die richtige Kombination von organisationalen, individuellen und gruppenbezogenen Instrumenten der Business Governance zu wählen.

Was heißt das konkret? Wie können Sie Business Governance in Ihrem Unternehmen umsetzen?
Es gilt die Business Governance Formel mit Leben zu füllen und unternehmensspezifisch folgende Fragen in vorgeschlagener Reihenfolge zu beantworten, wobei der Komplexitätsgrad mit jedem Schritt zunimmt (siehe Abb. 4.1).

© Springer Fachmedien Wiesbaden 2016

J. Müller, A.-K. Neyer, *Business Governance*, essentials,

DOI 10.1007/978-3-658-11101-4_4

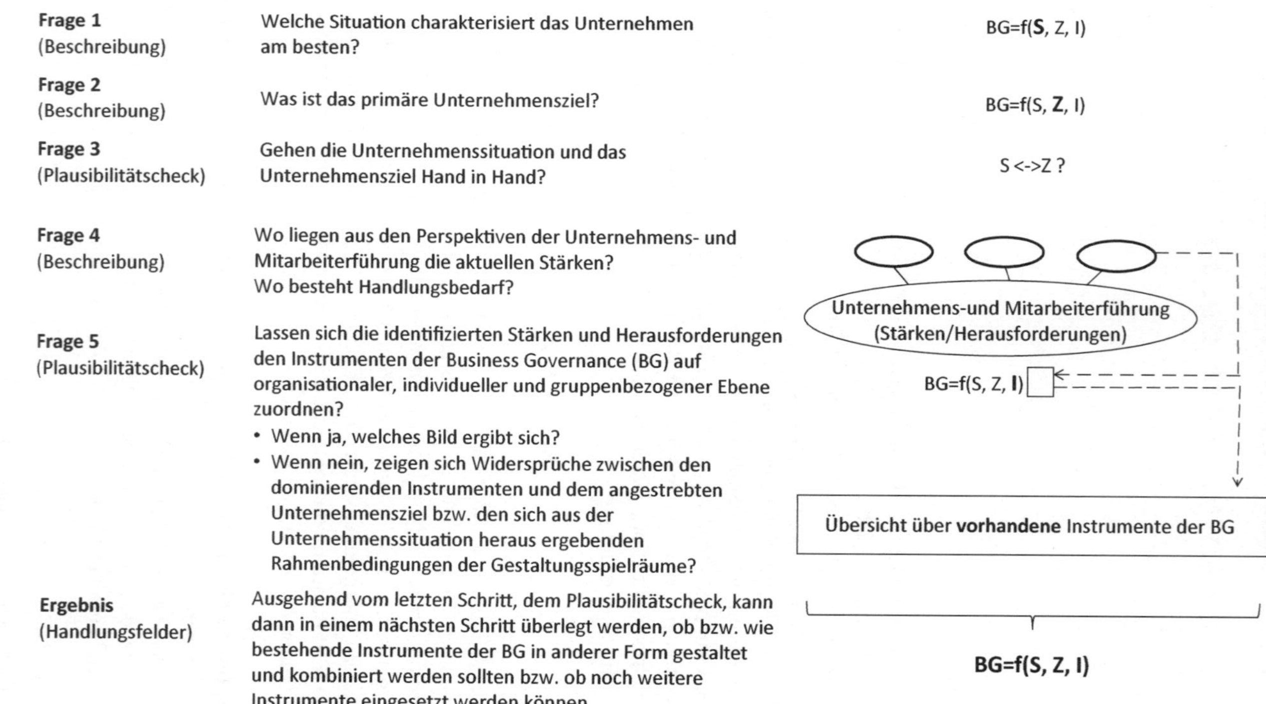

Abb. 4.1 Leitfaden zur Business Governance Formel

Abbildung 4.1 visualisiert, welche Schritte zur Beantwortung dieser Frage gegangen werden müssen. Diese Überlegungen sind zentral für die erfolgreiche Umsetzung von Business Governance im Unternehmen. Wenn nur ein Faktor der Business Governance Formel unbeachtet bleibt, dann ist die zielgerichtete Führung des Unternehmens in die richtige Richtung nicht möglich, wie folgendes Beispiel zeigt.

Beispiel

Unternehmen XY ist eine Projektorganisation, in der interdisziplinäre Teams die Kundenaufträge in Projekten abarbeiten. Das Ziel des Unternehmens ist dabei möglichst innovative Ideen und Lösungsvorschläge für die KundInnen zu erzielen. Als Instrumente werden bereits Shared Leadership angewendet und Wertvorstellungen wie Ergebnisorientierung und Risikofreude gelebt. Allerdings stellt das Unternehmen fest, dass die Kundenzufriedenheit gering ist, obwohl sich das Unternehmen eindeutig als innovatives Unternehmen positioniert. Bei einer internen Analyse zeigt sich, dass die KundInnen wenig in die Projektbesprechungen eingebunden werden. Auf Nachfrage stellt sich heraus, dass die Projektteammitglieder die KundInnen nicht als gleichwertige Projektpartner ansehen, da diese über wenig Expertise auf den technisch notwendigen Gebieten verfügen. Das Unternehmen sieht, dass in den Projektteams mit den KundInnen keine gemeinsame Soziale Identität vorherrscht, was die Zusammenarbeit erschwert. Deshalb implementiert es Maßnahmen, um dieses Instrument der Business Governance erfolgreich in die Projektarbeit zu integrieren.

Zusammenfassend lässt sich sagen, dass eine systematische Beschäftigung mit Business Governance, ihren Situationen, Zielen und Instrumenten, dazu führen kann, dass sich diese ganzheitliche Sicht der Mitarbeiter- und Unternehmensführung im Unternehmen durchsetzt und gemeinsam – für alle Beteiligten richtig – in die richtige Richtung gegangen werden kann.

Was Sie aus diesem Essential mitnehmen können

- Relevanz der Business Governance für Unternehmen
- Die Business Governance Formel: Situationen/Ziele/Instrumente
- Leitfaden zur Implementierung der Business Governance Formel im Unternehmen
- Ausblick auf Business Governance in der Praxis

© Springer Fachmedien Wiesbaden 2016
J. Müller, A.-K. Neyer, *Business Governance*, essentials,
DOI 10.1007/978-3-658-11101-4

Literatur

Kapitel 1

Bartol KM, Srivastava A (2002) Encouraging knowledge sharing: the role of organizational reward systems. J Leadersh Organ Stud 9(1):64–76

Edvinsson L (2004) The new knowledge landscape. In: Crainer S, Dearlove D (Hrsg) Financial times handbook of management. Prentice Hall, London, S 19–23

Grant RM (1997) The knowledge-based view of the firm – implications for management practice. Long Range Plan 30(3):450–454

von Krogh G, Nonaka I, Rechsteiner L (2012) Leadership in organizational knowledge creation: a review and framework. J Manage Stud 49(1):240–277

Müller J et al (2007) Leadership im Wissenszeitalter. In: Raich M, Pechlaner H, Hinterhuber HH (Hrsg) Entrepreneurial Leadership: Profilierung in Theorie und Praxis. DUV, Wiesbaden

Nonaka I, Konno N (1998) The concept of „Ba": building a foundation for knowledge creation. Calif Manage Rev 40(3):40–53

Politis JD (2001) The relationship of various leadership styles to knowledge management. Leadersh Organ Dev J 22(8):354–364

Spender J-C (1996) Making knowledge the basis of a dynamic theory of the firm. Strateg Manage J 17(Winter Special Issue):45–62

Tihanyi L, Graffin S, George G (2015) Rethinking governance in management research. Acad Manage J 1015(1):1–9

Kapitel 2

Alavi M, Leidner DE (2001) Review: knowledge management and knowledge management systems: conceptual foundations and research issues. MIS Q 25(1):107–136

Amabile TM (1983) The social psychology of creativity. Springer, New York

Anand V, Manz CC, Glick WH (1998) An organizational memory approach to information management. Acad Manage Rev 23(4):796–809

© Springer Fachmedien Wiesbaden 2016
J. Müller, A.-K. Neyer, *Business Governance,* essentials,
DOI 10.1007/978-3-658-11101-4

Argyris C, Schön DA (1978) Organizational learning: a theory of action perspective. Addison-Wesley, Reading

Basadur M, Finkbeiner CT (1985) Measuring preference for ideation in creative problem solving. J Appl Behav Sci 21:37–49

Baumard P (1999) Tacit knowledge in organizations. Sage, London

Benner M, Tushman M (2003) Exploitation, exploration, and process management: the productivity dilemma revisited. Acad Manage Rev 28(2):238–256

Bennet D, Bennet A (2003) The rise of the knowledge organization. In: Holsapple CW (Hrsg) Handbook on knowledge management: 1 knowledge matters. Springer, Berlin, S 5–20

Boynton A, Fischer B (2007) Leading all-star teams these have virtuosos at every position. Leadersh Excell 24(4):13

Cabrera A, Cabrera EF (2002) Knowledge-sharing dilemmas. Organ Stud 23(5):687–710

Chesbrough H (2006) Open innovation – The new imperative for creating and profiting from technology. Harvard Business School Press, Boston

Christensen CM (1997) The innovator's dilemma: when new technologies cause great firms to fail. Harvard Business School Press, Boston

Daneels E, Kleinsmith EJ (2001) Product innovativeness from the firm's perspective: its dimensions and their relation with project selection and performance. J Prod Innov Manage 18(6):357–373

Fagerberg J (2005) Innovation – a guide to the literature. In: Fagerberg J, Mowery DC, Nelson R (Hrsg) The oxford handbook of innovation. Oxford University Press, Oxford, S 1–26

Gopalakrishnan S, Damanpour F (1997) A review of innovation research in economics, sociology and technology management. Omega 25(1):15–28

Hambley LA, O'Neill TA, Kline TJB (2007) Virtual team leadership: The effects of leadership style and communication medium on team interaction styles and outcomes. Organ Behav Hum Dec Process 103:1-20

Hrastinski S et al (2010) A review of technologies for open innovation: characteristics and future trends. In Proceedings of the 43rd Hawaii International Conference on System Sciences (HICSS), Kauai, Hawaii

Huber GP (1991) Organizational learning: the contributing processes and the literatures. Organ Sci 2(1):88–115

Hunt JG, Stelluto GE, Hooijberg R (2004) Toward new-wave organization creativity: beyond romance and analogy in the relationship between orchestra-conductor leadership and musician creativity. Leadersh Q 15(1):145–162

Jamrog J, Vickers M, Bear D (2006) Building and sustaining a culture that supports innovation. Hum Res Plan 29(3):9–19

Konlechner SW, Güttel WH (2009) Kontinuierlicher Wandel mit Ambidexterity – Vorhandenes Wissen nutzen und gleichzeitig neues entwickeln. Z Führ Organ 78(1), 45–53

Lam A, Lambermont-Ford J-P (2010) Knowledge sharing in organisational contexts: a motivation-based perspective. J Knowl Manage 14(1):51–66

Lave J (1991) Situated learning in communities of practice. In: Resnick LB, Levine JM, Teasley SD (Hrsg) Perspectives on socially shared cognition. American Psychological Association, Washington, DC, S 63–82

March JG (1991) Exploration and exploitation in organizational learning. Organ Sci 2(1):71–87

Matzler K, Müller J (2011) Antecedents of knowledge sharing – examining the influence of learning orientation and performance orientation on knowledge sharing. J Econ Psychol 32(3):317–329

Matzler K, Renzl B, Müller J, Herting S, Mooradian T (2008) Personality traits and knowledge sharing. J Econ Psychol 29:301–313

Müller J (2009) Projektteamübergreifender Wissensaustausch - Fehlervermeidung und organisationales Lernen durch interaktive Elemente einer Wissenskultur. Gabler, Wiesbaden

Mumford MD et al (2002) Leading creative people: orchestrating expertise and relationships. Leadersh Q 13(6):705–750

Nelson RR, Winter SG (1982) An evolutionary theory of economic change. Belknap Press of Harvard University Press, Cambridge

North K (2005) Wissensorientierte Unternehmensführung: Wertschöpfung durch Wissen. Gabler, Wiesbaden

O'Reilly CA, Tushman ML (2004) The ambidextrous organization. Harv Bus Rev 82:74–82

Orlikowski WJ (2002) Knowing in practice – Enacting a collective capability in distributed organizing. Organ Sci 13(3):249–273

Polanyi M (1985) Implizites Wissen (Dt. Übers. von: The Tacit Dimension). Suhrkamp, Frankfurt a. M.

Probst G, Raub S, Romhardt K (2006) Wissen managen – wie Unternehmen ihre wertvollste Ressource optimal nutzen. Gabler, Wiesbaden

Renzl B, Rost M, Kaschube J (2011) Gestaltung des Wandels mit struktureller und kontextueller Ambidextrie am Beispiel eines Technologieführers in der Automobilzulieferbranche. In: Güttel WH, Konlechner S, Garaus C (Hrsg) Strategisches Kompetenz-Management (SKM). DUV, Wiesbaden (in Druck)

Scarbrough H, Swan J, Preston J (1999) Knowledge management: a literature review. Institute of Personnel Development, London

Schein EH (1992) Organizational culture and leadership. Jossey-Bass, San Francisco

Tsai W, Ghoshal S (1998) Social capital and value creation: the role of intrafirm networks. Acad Manage J 41(9):464–476

Tushman ML, O'Reilly CA (1996) The ambidextrous organization: managing evolutionary and revolutionary change. Calif Manage Rev 38(4):8–30

Von Hippel E (2005) Democratizing innovation. MIT Press, Cambridge

Weber B (1996) Die fluide Organisation. Konzeptionelle Überlegungen für die Gestaltung und das Management von Unternehmen in hochdynamischen Umfeldern. Haupt, Bern-Stuttgart-Wien

Weick KE (2006) Sensemaking in organizations, 12 Aufl. Sage, Thousand Oaks

Wenger EC, Snyder WM (2000) Communities of practice – The organizational frontier. Harv Bus Rev 78(1):139–145

Womack JP, Jones DT, Roos D (1992) Die zweite Revolution in der Automobilindustrie. Campus, Frankfurt a. M.

Kapitel 3

Adarves-Yorno I, Postmes T, Haslam, SA (2007) Creative innovation or crazy irrelevance? The contribution of group norms and social identity to creative behavior. J Exp Soc Psychol 43(3):410–416

Allen NJ, Meyer JP (1990) The measurement and antecedents of affective, continuance and normative commitment to the organization. J Occup Psychol 63:1–18

Avolio BJ, Bass BM (2002) Developing potential across a full range of leadership. Cases on transactional and transformational leadership. Lawrence Erlbaum Associates Inc., Mahwah

Avolio BJ, Waldmann DA, Yammarino FJ (1991) Leading in the 1990s: the Four I's of transformational leadership. J Eur Ind Train 15(4):9–16

Bagozzi RP, Dholakia UM (2002) Intentional social action in virtual communities. J Interact Mark 16(2):2–21

Barnard CI (1938) The functions of the executive. Harvard University Press, Cambridge

Bass BM (1985) Leadership and performance beyond expectations. Free Press, New York

Bass BM (1999) Two decades of research and development in transformational leadership. Eur J Work Organ Psychol 8(1):9–32

Bass BM, Avolio BJ (1994) Introduction. In: Bass BM, Avolio BJ (Hrsg) Improving organizational effectiveness through transformational leadership. Sage, Thousand Oaks, S 1–9

Bass BM, Riggio RE (2006) Transformational leadership, 2. Aufl. Lawrence Erlbaum Associates Inc., Mahwah

Bledow R, Frese M, Mueller V (2011) Ambidextrous leadership for innovation: the influence of culture. In: Mobley WH, Li M, Wang Y (Hrsg) Advances in global leaderships. Emerald Group Publishing Limited, Bingley, S 41–69

Bligh MC, Pearce CL, Kohles JC (2006) The importance of self- and shared leadership in team based knowledge work. A meso-level model of leadership dynamics. J Manage Psychol 21(4):296–318

Brewer MB (1999) The psychology of prejudice: ingroup Love or Outgroup Hate? J Soc Issues 55(3):429–444

Brewer MB, Pierce KP (2005) Social identity complexity and outgroup tolerance. Pers Soc Psychol Bull 31(3):428–437

Burns JM (1978) Leadership. Harper & Row, New York

Burpitt W (2009) Exploration versus exploitation: leadership and the paradox of administration. J Behav Appl Manage 10(2):227–246

Campbell A, Yeung S (1991) Creating a sense of mission. Long Range Plan 24(4):10–20

Cassell C et al (1997) Opening the black box: corporate codes of ethics in their organizational context. J Bus Ethics 16:10–24

Collins CJ, Porras JI (1996) Building your company's vision. Harv Bus Rev 77(September–October):65–77

Cooper-Hakim A, Viswesvaran C (2005) The construct of work commitment: testing an integrative framework. Psychol Bull 131(2):241–259

Cornelissen JP, Haslam SA, Balmer JMT (2007) Social identity, organizational identity and corporate identity: towards an integrated understanding of processes, patternings and products. Br J Manage 18:1–16

Craighead CW, Laforge RL (2003) Taxonomy of information technology adoption patterns in manufacturing firms. Int J Prod Res 41(11):2431–2449

Deal TE, Kennedy AA (1982) Corporate cultures – The rites and rituals of corporate life. Addison-Wesley, Reading

Denison DR (1990) Corporate culture and organizational effectiveness. Wiley, New York

van Dick R (2004) Commitment und Identifikation mit Organisationen. Hogrefe, Göttingen

Diller J (1999) A social conscience in the global marketplace? Labour dimensions of codes of conduct, social labelling and investor initiatives. Int Labour Rev 138(2):99–129

Dirks KT, Ferrin DL (2001) The role of trust in organizational settings. Organ Sci 12(4):450–467

Felfe J (2005) Charisma, transformationale Führung und Commitment. Kölner Studien Verlag, Köln

Felfe J (2008) Mitarbeiterbindung. Hogrefe Verlag, Göttingen

Fullager C, McCoy D, Shull C (1992) The socialization of union loyalty. J Organ Behav 13(1):13–26

Gao Y, Riley M (2010) Knowledge and identity: a review. Int J Manage Rev 12(3):317–334

Hater JJ, Bass BM (1988) Superiors evaluations and subordinates perceptions of transformational and transactional leadership. J Appl Psychol 73(4):695–702

Heckhausen J, Heckhausen H (2010) Motivation und Handeln: Einführung und Überblick. In: Heckhausen J, Heckhausen H (Hrsg) Motivation und Handeln. Springer, Berlin, S 1–10

Hinterhuber HH (2004) Strategische Unternehmensführung, Bd 1: Strategisches Denken, 7. Aufl. De Gruyter, Berlin

Hofstede G (1984) Culture's consequences. Sage, Beverly Hills

Hogg MA, Abrams D (2003) Intergroup behavior and social identity. In: Hogg MA, Cooper J (Hrsg) The Sage handbook of social psychology. Sage, London, S 407–431

Hogg MA, Reid SA (2006) Social identity, self-categorization, and the communication of group norms. Commun Theory 16(1):7–30

Hogg MA, Terry DJ (2000) Social identity and self-categorization processes in organizational contexts. Acad Manage Rev 25(1):121–140

Hogg MA, Abrams D, Otten S, Hinkle S (2004) The social identity perspective: intergroup relations, self-conception, and small groups. Small Gr Res 35(3):246–276

Howe J (2008) Crowdsourcing: why the power of the crowd is driving the future of business. Crown Business, New York

Jansen J, George G, Van den Bosch FAJ, Volberda HW (2008) Senior team attributes and organizational ambidexterity: the moderating role of transformational leadership. J Manage Stud 45(5):982–1007

Judge TA, Piccolo RF (2004) Transformational and transactional Leadership: a metaanalytic test of their relative validity. J Appl Psychol 89(5):755–768

Katz R, Allen TJ (1982) Investigating the Not Invented Here (NIH) syndrome: a look at the performance, tenure and communication patterns of 50 R & D Project Groups. R&D Manage 12(1):7–20

Kaudela-Baum S, Holzer J, Kocher P-Y (2014) Innovation Leadership: Führung zwischen Freiheit und Norm. Springer Gabler, Wiesbaden

Kayworth T, Leidner D (2003) Organizational culture as a knowledge resource. In: Holsapple CW (Hrsg) Handbook on knowledge management: 1 knowledge matters. Springer, Berlin, S 233–252

Keller RT (1992) Transformational leadership and the performance of research and development project groups. J Manage 18(3):489–501

Krcmar H (2015) Einführung in das Informationsmanagement. Springer, Berlin

Levin DZ, Whitener EM, Cross R (2006) Perceived trustworthiness of knowledge sources: the moderating impact of relationship length. J Appl Psychol 91(5):1163–1171

Linstead S, Grafton-Small R (1992) On reading organizational culture. Organ Stud 13(3):331–355

López SP, Peón JMM, Ordás CJV (2004) Managing knowledge: the link between culture and organizational learning. J Knowl Manage 8(6):93–104

Lucas C, Kline T (2008) Understanding the influence of organizational culture and group dynamics on organizational change and learning. Learn Organ 15(3):277–287

Mathieu JE, Zajac DM (1990) A review and meta-analysis of the antecedents, correlates, and consequences of organizational commitment. Psychol Bull 108:171–194

Matzler K, Müller J, Mooradian T (2013) Strategisches Management – Konzepte und Methoden. Linde Verlag, Wien

Mayer RC, Davis JH, Schoorman FD (1995) An integrative model of organizational trust. Acad Manage Rev 20(3):719–734

McClelland DC, Koestner R, Weinberger J (1989) How do self-attributed and implicit motives differ? Psychol Rev 96:690–702

Meek VL (1988) Organisational culture: origins and weaknesses. Organ Stud 9(4):453–473

Mehrwald H (1999) Das „Not Invented Here"-Syndrom in Forschung und Entwicklung. Deutscher Universitäts-Verlag, Wiesbaden

Meyer JP, Allen NJ (1991) A three-component conceptualization of organizational commitment. Hum Resour Manage Rev 1(1):61–89

Meyer JP, Allen NJ (1997) Commitment in the workplace: theory, research and application. Sage, Thousand Oaks

Mowday RT, Steers RM, Porter LW (1979) The measurement of organizational commitment. J Vocat Behav 14(2):224–247

Müller J, Renzl B (2013) Ambidextrous leadership? A meta-review on the matter of level of analysis. Liverpool: Proceedings of the 27th Annual British Academy of Management Conference

Nemanich LA, Vera D (2009) Transformational leadership and ambidexterity in the context of an acquisition. Leadersh Q 20:19–33

Neyer AK (2015, Juni) Die digitale Arbeitswelt und ich: Beste Freunde oder notwendiges Übel? Vortrag im Rahmen der Absolventenverabschiedung an der Martin-Luther-Universität Halle-Wittenberg, Halle (Saale)

Northouse PG (2007) Leadership: theory and practice. Sage, Thousand Oaks

O'Reilly CAI, Chatman JA, Caldwell DF (1991) People and organizational culture: a profile comparison approach to assessing person-organization fit. Acad Manage J 34(3):487–516

Pearce CL (2004) The future of leadership: combining vertical and shared leadership to transform knowledge work. Acad Manage Exec 18(1):47–57

Pearce CL, Manz CC (2005) The new silver bullets of leadership: the importance of self- and shared leadership in knowledge work. Organ Dyn 34(2):130–140

Pearce CL, Sims HPJ (2002) Vertical versus shared leadership as predictors of the effectiveness of change management teams: an examination of aversive, directive, transactional, transformational and empowering leader behaviors. Group Dyn: Theor, Res Pract 6, 172–197

Pettigrew AM (1979) On studying organizational cultures. Adm Sci Q 24(4):570–581

Picot A, Reichwald R (1991) Informationswirtschaft. In: Heinen E (Hrsg) Industriebetriebslehre. Entscheidungen im Industriebetrieb. Gabler, Wiesbaden, S 241–393

Picot A, Reichwald R, Wigand RT (2003) Die grenzenlose Unternehmung. Information, Organisation und Management. Lehrbuch zur Unternehmensführung im Informationszeitalter. Gabler, Wiesbaden

Plank S, Mueller J (2011) „Not-Invented-Here": a social identity informed study on external knowledge integration. In Proceedings of the 18th International product development management conference (IPDMC). Delft, The Netherlands

Probst G, Raisch S, Tushman ML (2011) Ambidextrous leadership: emerging challenges for business and HR leaders. Organ Dyn 40(4):326–334

Reichwald R, Piller F (2009) Interaktive Wertschöpfung. Open Innovation, Individualisierung und neue Formen der Arbeitsteilung. Gabler, Wiesbaden

Renzl B (2008) Trust in management and knowledge sharing – the mediating effects of fear and knowledge documentation. Omega – Int J Manage Sci 36(2):206–220

Roccas S, Brewer MB (2002) Social identity complexity. Pers Soc Psychol Rev 6(2):88–106

Rosegger G (1991) Advances in information technology and the innovation strategies of firms. Prometheus 9(1):5–20

Rosing K, Frese M, Bausch A (2011) Explaining the heterogeneity of the leadership-innovation relationship: ambidextrous leadership. Leadersh Q 22:956–974

Rothermund K, Eder A (2011) Allgemeine psychologie: motivation und emotion. In: Kriz J (Hrsg) Basiswissen psychologie. VS Verlag für Sozialwissenschaften, Wiesbaden

Schein EH (1985) How culture forms, develops, and changes. In: Kilmann RH, Saxton MJ, Serpa R (Hrsg) Gaining control of the corporate culture. Jossey-Bass, San Francisco, S 17–43

Schein EH (1992) Organizational culture and leadership. Jossey-Bass, San Francisco

Schein EH (1995) Unternehmenskultur: Ein Handbuch für Führungskräfte. Campus, Frankfurt a. M.

Schiefele U, Schaffner E (2015) Motivation. In: Wild E, Möller J (Hrsg) Pädagogische Psychologie. Springer, Berlin, S 153–176

Schröder L (2014) Digitale Arbeit bedarf der Humanisierung – einige Vorschläge für die Praxis. Gute Arbeit 1:17–20

Schwartz MS (2002) A code of ethics for corporate code of ethics. J Bus Ethics 41:27–43

Seel NM, Hanke U (2015) Erziehungswissenschaft. Lehrbuch für Bachelor-, Master- und Lehramtsstudierende. Springer, Berlin

Smircich L (1983) Concepts of culture and organizational analysis. Adm Sci Q 28(3):339–358

Smith JR, Terry DJ, Hogg MA (2007) Social identity and the attitude-behaviour relationship: effects of anonymity and accountability. Eur J Soc Psychol 37(2):239–257

Sollberger BA (2006) Wissenskultur. Erfolgsfaktor für ein ganzheitliches Wissensmanagement. Haupt, Bern

Somers MJ (2001) Ethical codes of conduct and organizational context: a study of the relationship between codes of conduct, employee behavior and organizational values. J Bus Ethics 30(2):185–195

Sproull L, Kiesler S (1991) Connections: New ways of working in the networked organization. MIT Press, Cambridge, MA

Sydow J (2010) (Hrsg) Management von Netzwerkorganisationen, 5. Aufl. Gabler, Wiesbaden

Tajfel H (1982) Social psychology of intergroup relations. Annu Rev Psychol 33:1–39

Vera D, Crossan M (2004) Strategic leadership and organizational learning. Acad Manage Rev 29(2):222–240

Vogl G, Nies G (2013) Mobile Arbeit. Betriebs- und Dienstvereinbarungen – Analyse und Handlungsempfehlungen. Hans-Böckler-Stiftung, Frankfurt a. M

Waber B, Magnolfi J, Lindsay G (2014, Okt.) Workspaces that move people. Harv Bus Rev 92:69–77

Waldman DA, Bass BM, Einstein WO (1987) Leadership and outcomes of performance appraisal process. J Occup Psychol 60(3):177–186

Waldman DA, Bass BM, Yammarino FJ (1990) Adding to contigent-reward behavior: the augmenting effect of charismatic Leadership. Group Organ Stud 15(4):381–394

Waldman DA, Ramirez GG, House RJ, Puranam P (2001) Does leadership matter? CEO leadership attributes and profitability under conditions of perceived environmental uncertainty. Acad Manage J 44(1):134–144

Weyer J (2011) Soziale Netzwerke, Konzepte und Methoden der sozialwissenschaftlichen Netzwerkforschung, Oldenbourg Wissenschaftsverlag, München

Wigand RT, Steinfield C, Markus ML (2005) Information technology standards choices and industry structure outcomes. The case of the U.S. home mortgage industry. J Manage Inform Syst 22(2):165–191

Willem A, Scarbrough H, Buelens M (2008) Impact of coherent versus multiple identities on knowledge integration. J Inform Sci 34(3):370–386

Woolfolk A (2008) Pädagogische Psychologie. Pearson Studium, München

Yammarino FJ (1993) Transforming leadership studies: bernard Bass' leadership and performance beyond expectations. Leadersh Q 4(3):379–382